RENÉ GUÉNON

LA CRISE DU MONDE MODERNE

1927

Édition : Les Prairies Numériques
Impression et distribution : BoD (Allemagne)
ISBN : 9791041953844
Dépôt légal : août 2023

Ce livre a été produit et maquetté par Reedsy.com

SOMMAIRE

Avant-Propos

Lorsque nous avons, il y a quelques années, écrit Orient et Occident, nous pensions avoir donné, sur les questions qui faisaient l'objet de ce livre, toutes les indications utiles, pour le moment tout au moins. Depuis lors, les événements sont allés en se précipitant avec une vitesse toujours croissante, et, sans nous faire changer d'ailleurs un seul mot à ce que nous disions alors, ils rendent opportunes certaines précisions complémentaires et nous amènent à développer des points de vue sur lesquels nous n'avions pas cru nécessaire d'insister tout d'abord. Ces précisions s'imposent d'autant plus que nous avons vu s'affirmer de nouveau, en ces derniers temps, et sous une forme assez agressive, quelques-unes des confusions que nous nous sommes déjà attaché précisément à dissiper ; tout en nous abstenant soigneusement de nous mêler à aucune polémique, nous avons jugé bon de remettre les choses au point une fois de plus. Il est, dans cet ordre, des considérations, même élémentaires, qui semblent tellement étrangères à l'immense majorité de nos contemporains, que, pour les leur faire comprendre, il ne faut pas se lasser d'y revenir à maintes reprises, en les présentant sous leurs différents aspects, et en expliquant plus complètement, à mesure que les circonstances le permettent, ce qui peut donner lieu à des difficultés qu'il n'était pas toujours possible de prévoir du premier coup.

Le titre même du présent volume demande quelques explications que nous devons fournir avant tout, afin que l'on sache bien comment nous l'entendons et qu'il n'y ait à cet égard aucune équivoque. Que l'on puisse parler d'une crise du monde moderne, en prenant ce mot de « crise " dans son acception la plus ordinaire, c'est une chose que beaucoup ne mettent déjà plus en doute, et, à cet égard tout au moins, il s'est produit un changement assez sensible : sous l'action même des événements, certaines illusions commencent à se dissiper, et nous ne pouvons, pour notre part, que nous en féliciter, car il y a là, malgré tout, un symptôme assez favorable, l'indice d'une possibilité de redressement de la mentalité contemporaine, quelque chose qui apparaît comme une faible lueur au milieu du chaos actuel. C'est ainsi que la croyance à un « progrès " indéfini, qui était tenue naguère encore pour une sorte de dogme intangible et indiscutable, n'est plus aussi généralement admise ; certains entrevoient plus ou moins vaguement, plus ou moins confusément, que la civilisation occidentale, au lieu d'aller toujours en continuant à se développer dans le même sens, pourrait bien arriver un jour à un point d'arrêt, ou même sombrer entièrement dans quelque cataclysme. Peut-être ceux-là ne voient-ils pas nettement où est le danger, et les craintes chimériques ou puériles qu'ils manifestent parfois prouvent suffisamment la persistance de bien des erreurs dans leur esprit ; mais enfin c'est déjà quelque chose qu'ils se rendent compte qu'il y a un danger, même s'ils le sentent plus qu'ils ne le comprennent vraiment, et qu'ils parviennent à concevoir que cette civilisation dont les modernes sont si infatués n'occupe pas une place privilégiée dans l'histoire du monde, qu'elle peut avoir le même sort que tant d'autres qui ont déjà disparu à des époques plus ou moins lointaines, et dont certaines n'ont laissé derrière elles que des traces infimes, des vestiges à peine perceptibles ou difficilement reconnaissables.

Donc, si l'on dit que le monde moderne subit une crise, ce que l'on entend par là le plus habituellement, c'est qu'il est parvenu à un point critique, ou, en d'autres termes, qu'une transformation plus ou moins profonde est imminente, qu'un changement d'orientation devra inévitablement se produire à brève échéance, de gré ou de force, d'une façon plus ou moins brusque, avec ou sans catastrophe. Cette acception est parfaitement légitime et correspond bien à une partie de ce que nous pensons nous-même, mais à une partie seulement, car, pour nous, et en nous plaçant à un point de vue plus général, c'est toute l'époque moderne, dans son ensemble, qui représente pour le monde une période de crise ; il semble d'ailleurs que nous approchions du dénouement, et c'est ce qui rend plus sensible aujourd'hui que jamais le caractère anormal de cet état de choses qui dure depuis quelques siècles, mais dont les conséquences n'avaient pas encore été aussi visibles qu'elles le sont maintenant. C'est aussi pourquoi les événements se déroulent avec cette vitesse accélérée à laquelle nous faisions allusion tout d'abord ; sans doute, cela peut continuer ainsi quelque temps encore, mais non pas indéfiniment ; et même, sans être en mesure d'assigner une limite précise, on a l'impression que cela ne peut plus durer très longtemps.

Mais, dans le mot même de « crise ", d'autres significations sont contenues, qui le rendent encore plus apte à exprimer ce que nous voulons dire : son étymologie, en effet, qu'on perd souvent de vue dans l'usage courant, mais à laquelle il convient de se reporter comme il faut toujours le faire lorsqu'on veut restituer à un terme la plénitude de son sens propre et de sa valeur originelle, son étymologie, disons-nous, le fait partiellement synonyme de « jugement " et de « discrimination ". La phase qui peut être dite véritablement « critique ", dans n'importe quel ordre de choses, c'est celle qui aboutit immédiatement à une solution favorable ou défavorable, celle où une décision intervient dans un sens ou dans l'autre ; c'est alors, par conséquent, qu'il est possible de porter un jugement sur les résultats acquis, de peser le « pour " et le « contre ", en opérant une sorte de classement parmi ces résultats, les uns positifs, les autres négatifs, et de voir ainsi de quel côté la balance penche définitivement. Bien entendu, nous n'avons aucunement la prétention d'établir d'une façon complète une telle discrimination, ce qui serait d'ailleurs prématuré, puisque la crise n'est point encore résolue et qu'il n'est peut-être même pas possible de dire exactement quand et comment elle le sera, d'autant plus qu'il est toujours préférable de s'abstenir de certaines prévisions qui ne sauraient s'appuyer sur des raisons clairement intelligibles à tous, et qui, par suite, risqueraient trop d'être mal interprétées et d'ajouter à la confusion au lieu d'y remédier. Tout ce que nous pouvons nous proposer, c'est donc de contribuer, jusqu'à un certain point et autant que nous le permettront les moyens dont nous disposons, à donner à ceux qui en sont capables la conscience de quelques-uns des résultats qui semblent bien établis dès maintenant, et à préparer ainsi, ne fût-ce que d'une manière très partielle et assez indirecte, les éléments qui devront servir par la suite au futur « jugement ", à partir duquel s'ouvrira une nouvelle période de l'histoire de l'humanité terrestre.

Quelques-unes des expressions que nous venons d'employer évoqueront sans doute, dans l'esprit de certains, l'idée de ce qu'on appelle le « jugement dernier ", et, à vrai dire, ce ne sera pas à tort ; qu'on l'entende d'ailleurs littéralement ou symboliquement, ou des deux façons à la fois, car elles ne s'excluent nullement en réalité, peu importe ici, et ce n'est pas le lieu ni le moment de nous expliquer entièrement sur ce point. En tout cas, cette mise en balance du « pour " et du « contre ", cette discrimination des résultats positifs et négatifs, dont nous parlions tout à l'heure, peuvent assurément faire songer à la répartition des « élus " et des « damnés " en deux groupes immuablement fixés désormais ; même s'il n'y a là qu'une analogie, il faut reconnaître que c'est du moins une analogie valable et bien fondée, en conformité avec la nature même des choses ; et ceci appelle encore quelques explications.

Ce n'est certes pas par hasard que tant d'esprits sont aujourd'hui hantés par l'idée de la « fin du monde " ; on peut le regretter à certains égards, car les extravagances auxquelles donne lieu cette idée mal comprise, les divagations « messianiques " qui en sont la conséquence en divers milieux, toutes ces manifestations issues du déséquilibre mental de notre époque, ne font qu'aggraver encore ce même déséquilibre dans des proportions qui ne sont pas absolument négligeables ; mais enfin il n'en est pas moins certain qu'il y a là un fait dont on ne peut se dispenser de tenir compte. L'attitude la plus commode, quand on constate des choses de ce genre, est assurément celle qui consiste à les écarter purement et simplement sans plus d'examen, à les traiter comme des erreurs ou des rêveries sans importance ; nous pensons pourtant que, même si ce sont en effet des erreurs, il vaut mieux, tout en les dénonçant comme telles, rechercher les raisons qui les ont provoquées et la part de vérité plus ou moins déformée qui peut s'y trouver contenue malgré tout, car, l'erreur n'ayant en somme qu'un mode d'existence purement négatif, l'erreur absolue ne peut se rencontrer nulle part et n'est qu'un mot vide de sens. Si l'on considère les choses de cette façon, on s'aperçoit sans peine que cette préoccupation de la « fin du monde " est étroitement liée à l'état de malaise général dans lequel nous vivons présentement : le pressentiment obscur de quelque chose qui est effectivement près de finir, agissant sans contrôle sur certaines imaginations, y produit tout naturellement des représentations désordonnées, et le plus souvent grossièrement matérialisées, qui, à leur tour, se traduisent extérieurement par les extravagances auxquelles nous venons de faire allusion. Cette explication n'est d'ailleurs pas une excuse en faveur de celles-ci ; ou du moins, si l'on peut excuser ceux qui tombent involontairement dans l'erreur, parce qu'ils y sont prédisposés par un état mental dont ils ne sont pas responsables, ce ne saurait jamais être une raison pour excuser l'erreur elle-même. Du reste en ce qui nous concerne, on ne pourra sûrement pas nous reprocher une indulgence excessive à l'égard des manifestations « pseudo-religieuses " du monde contemporain, non plus que de toutes les erreurs modernes en général ; nous savons même que certains seraient plutôt tentés de nous faire le reproche contraire, et peut-être ce que nous disons ici leur fera-t-il mieux comprendre comment nous envisageons ces choses, nous efforçant de nous placer toujours au seul point de vue qui nous importe, celui de la vérité impartiale et désintéressée.

Ce n'est pas tout : une explication simplement « psychologique " de l'idée de la « fin du monde " et de ses manifestations actuelles, si juste qu'elle soit dans son ordre, ne saurait passer à nos yeux pour pleinement suffisante ; s'en tenir là, ce serait se laisser influencer par une de ces illusions modernes contre lesquelles nous nous élevons précisément en toute occasion. Certains, disions-nous, sentent confusément la fin imminente de quelque chose dont ils ne peuvent définir exactement la nature et la portée ; il faut admettre qu'ils ont là une perception très réelle, quoique vague et sujette à de fausses interprétations ou à des déformations imaginatives, puisque, quelle que soit cette fin, la crise qui doit forcément y aboutir est assez apparente, et qu'une multitude de signes non équivoques et faciles à constater conduisent tous d'une façon concordante à la même conclusion. Cette fin n'est sans doute pas la « fin du monde ", au sens total où certains veulent l'entendre, mais elle est tout au moins la fin d'un monde ; et, si ce qui doit finir est la civilisation occidentale sous sa forme actuelle, il est compréhensible que ceux qui se sont habitués à ne rien voir en dehors d'elle, à la considérer comme « la civilisation " sans épithète, croient facilement que tout finira avec elle, et que, si elle vient à disparaître, ce sera véritablement la « fin du monde ".

Nous dirons donc, pour ramener les choses à leurs justes proportions, qu'il semble bien que nous approchions réellement de la fin d'un monde, c'est-à-dire de la fin d'une époque ou d'un cycle historique, qui peut d'ailleurs être en correspondance avec un cycle cosmique, suivant ce qu'enseignent à cet égard toutes les doctrines traditionnelles. Il y a déjà eu dans le passé bien des événements de ce genre, et sans doute y en aura-t-il encore d'autres dans l'avenir ; événements d'importance inégale, du reste, selon qu'ils terminent des périodes plus ou moins étendues et qu'ils concernent, soit tout l'ensemble de l'humanité terrestre, soit seulement l'une ou l'autre de ses portions, une race ou un peuple déterminé. Il est à supposer, dans l'état présent du monde, que le changement qui interviendra aura une portée très générale, et que, quelle que soit la forme qu'il revêtira, et que nous n'entendons point chercher à définir, il affectera plus ou moins la terre tout entière. En tout cas, les lois qui régissent de tels événements sont applicables analogiquement à tous les degrés ; aussi ce qui est dit de la « fin du monde ", en un sens aussi complet qu'il est possible de la concevoir, et qui d'ailleurs ne se rapporte d'ordinaire qu'au monde terrestre, est-il encore vrai, toutes proportions gardées, lorsqu'il s'agit simplement de la fin d'un monde quelconque, entendue en un sens beaucoup plus restreint.

Ces observations préliminaires aideront grandement à comprendre les considérations qui vont suivre ; nous avons déjà eu l'occasion, dans d'autres ouvrages, de faire assez souvent allusion aux « lois cycliques " ; il serait d'ailleurs peut-être difficile de faire de ces lois un exposé complet sous une forme aisément accessible aux esprits occidentaux, mais du moins est-il nécessaire d'avoir quelques données sur ce sujet si l'on veut se faire une idée vraie de ce qu'est l'époque actuelle et de ce qu'elle représente exactement dans l'ensemble de l'histoire du monde. C'est pourquoi nous commencerons par montrer que les caractères de cette époque sont bien réellement ceux que les doctrines traditionnelles ont indiqués de tout temps pour la période cyclique à laquelle elle correspond ; et ce sera aussi montrer que ce qui est anomalie et désordre à un certain point de vue est pourtant un élément nécessaire d'un ordre plus vaste, une conséquence inévitable des lois qui régissent le développement de toute manifestation. Du reste, disonsle tout de suite, ce n'est pas là une raison pour se contenter de subir passivement le trouble et l'obscurité qui semblent momentanément triompher, car, s'il en était ainsi, nous n'aurions qu'à garder le silence ; c'en est une, au contraire, pour travailler, autant qu'on le peut, à préparer la sortie de cet « âge sombre " dont bien des indices permettent déjà d'entrevoir la fin plus ou moins prochaine, sinon tout à fait imminente. Cela aussi est dans l'ordre, car l'équilibre est le résultat de l'action simultanée de deux tendances opposées ; si l'une ou l'autre pouvait entièrement cesser d'agir, l'équilibre ne se retrouverait plus jamais, et le monde même s'évanouirait ; mais cette supposition est irréalisable, car les deux termes d'une opposition n'ont de sens que l'un par l'autre, et, quelles que soient les apparences, on peut être sûr que tous les déséquilibres partiels et transitoires concourent finalement à la réalisation de l'équilibre total.

CHAPITRE PREMIER

l'âge sombre

La doctrine hindoue enseigne que la durée d'un cycle humain, auquel elle donne le nom de *Manvantara* , se divise en quatre âges, qui marquent autant de phases d'un obscurcissement graduel de la spiritualité primordiale ; ce sont ces mêmes périodes que les traditions de l'antiquité occidentale, de leur côté, désignaient comme les âges d'or, d'argent, d'airain et de fer. Nous sommes présentement dans le quatrième âge, le *Kali-Yuga* ou « âge sombre ", et nous y sommes, dit-on, depuis déjà plus de six mille ans, c'est-à-dire depuis une époque bien antérieure à toutes celles qui sont connues de l'histoire « classique ". Depuis lors, les vérités qui étaient autrefois accessibles à tous les hommes sont devenues de plus en plus cachées et difficiles à atteindre ; ceux qui les possèdent sont de moins en moins nombreux, et, si le trésor de la sagesse « non-humaine ", antérieure à tous les âges, ne peut jamais se perdre, il s'enveloppe de voiles de plus en plus impénétrables, qui le dissimulent aux regards et sous lesquels il est extrêmement difficile de le découvrir. C'est pourquoi il est partout question, sous des symboles divers, de quelque chose qui a été perdu, en apparence tout au moins et par rapport au monde extérieur, et que doivent retrouver ceux qui aspirent à la véritable connaissance ; mais il est dit aussi que ce qui est ainsi caché redeviendra visible à la fin de ce cycle, qui sera en même temps, en vertu de la continuité qui relie toutes choses entre elles, le commencement d'un cycle nouveau.

Mais, demandera-t-on sans doute, pourquoi le développement cyclique doit-il s'accomplir ainsi, dans un sens descendant, en allant du supérieur à l'inférieur, ce qui, comme on le remarquera sans peine, est la négation même de l'idée de « progrès " telle que les modernes l'entendent ? C'est que le développement de toute manifestation implique nécessairement un éloignement de plus en plus grand du principe dont elle procède ; partant du point le plus haut, elle tend forcément vers le bas, et, comme les corps pesants, elle y tend avec une vitesse sans cesse croissante, jusqu'à ce qu'elle rencontre enfin un point d'arrêt. Cette chute pourrait être caractérisée comme une matérialisation progressive, car l'expression du principe est pure spiritualité ; nous disons l'expression, et non le principe même, car celui-ci ne peut être désigné par aucun des termes qui semblent indiquer une opposition quelconque, étant au-delà de toutes les oppositions. D'ailleurs, des mots comme ceux d' « esprit " et de « matière ", que nous empruntons ici pour plus de commodité au langage occidental, n'ont guère pour nous qu'une valeur symbolique ; ils ne peuvent, en tout cas, convenir vraiment à ce dont il s'agit qu'à la condition d'en écarter les interprétations spéciales qu'en donne la philosophie moderne, dont « spiritualisme " et « matérialisme " ne sont, à nos yeux, que deux formes complémentaires qui s'impliquent l'une l'autre et qui sont pareillement négligeables pour qui veut s'élever au-dessus de ces points de vue contingents. Mais d'ailleurs ce n'est pas de métaphysique pure que nous nous proposons de traiter ici, et c'est pourquoi, sans jamais perdre de vue les principes essentiels, nous pouvons, tout en prenant les précautions indispensables pour éviter toute équivoque, nous permettre l'usage de termes qui, bien qu'inadéquats, paraissent susceptibles de rendre les choses plus facilement compréhensibles, dans la mesure où cela peut se faire sans toutefois les dénaturer.

Ce que nous venons de dire du développement de la manifestation présente une vue qui, pour être exacte dans l'ensemble, est cependant trop simplifiée et schématique, en ce qu'elle peut faire penser que ce développement s'effectue en ligne droite, selon un sens unique et sans oscillations d'aucune sorte ; la réalité est bien autrement complexe. En effet, il y a lieu d'envisager en toutes choses, comme nous l'indiquions déjà précédemment, deux tendances opposées, l'une descendante et l'autre ascendante, ou, si l'on veut se servir d'un autre mode de représentation, l'une centrifuge et l'autre centripête, et de la prédominance de l'une ou de l'autre procèdent deux phases complémentaires de la manifestation, l'une d'éloignement du principe, l'autre de retour vers le principe, qui sont souvent comparées symboliquement aux mouvements du cœur ou aux deux phases de la respiration. Bien que ces deux phases soient d'ordinaire décrites comme successives, il faut concevoir que, en réalité, les deux tendances auxquelles elles correspondent agissent toujours simultanément, quoique dans des proportions diverses ; et il arrive parfois, à certains moments critiques où la tendance descendante semble sur le point de l'emporter définitivement dans la marche générale du monde, qu'une action spéciale intervient pour renforcer la tendance contraire, de façon à rétablir un certain équilibre au moins relatif, tel que peuvent le comporter les conditions du moment, et à opérer ainsi un redressement partiel, par lequel le mouvement de chute peut sembler arrêté ou neutralisé temporairement / [1] /.

Il est facile de comprendre que ces données traditionnelles, dont nous devons nous borner ici à esquisser un aperçu très sommaire, rendent possibles des conceptions bien différentes de tous les essais de « philosophie de l'histoire " auxquels se livrent les modernes, et bien autrement vastes et profondes. Mais nous ne songeons point, pour le moment, à remonter aux origines du cycle présent, ni même plus simplement aux débuts du Kali-Yuga ; nos intentions ne se rapportent, d'une façon directe tout au moins, qu'à un domaine beaucoup plus limité, aux dernières phases de ce même Kali-Yuga. On peut en effet, à l'intérieur de chacune des grandes périodes dont nous avons parlé, distinguer encore différentes phases secondaires, qui en constituent autant de subdivisions ; et, chaque partie étant en quelque façon analogue au tout, ces subdivisions reproduisent pour ainsi dire, sur une échelle plus réduite, la marche générale du grand cycle dans lequel elles s'intègrent ; mais, là encore, une recherche complète des modalités d'application de cette loi aux divers cas particuliers nous entraînerait bien au-delà du cadre que nous nous sommes tracé pour cette étude. Nous mentionnerons seulement, pour terminer ces considérations préliminaires, quelques-unes des dernières époques particulièrement critiques qu'a traversées l'humanité, celles qui rentrent dans la période que l'on a coutume d'appeler « historique ", parce qu'elle est effectivement la seule qui soit vraiment accessible à l'histoire ordinaire ou « profane " ; et cela nous conduira tout naturellement à ce qui doit faire l'objet propre de notre étude, puisque la dernière de ces époques critiques n'est autre que celle qui constitue ce qu'on nomme les temps modernes.

Il est un fait assez étrange, qu'on semble n'avoir jamais remarqué comme il mérite de l'être : c'est que la période proprement « historique ", au sens que nous venons d'indiquer, remonte exactement au VI® siècle avant l'ère chrétienne, comme s'il y avait là, dans le temps, une barrière qu'il n'est pas possible de franchir à l'aide des moyens d'investigation dont disposent les chercheurs ordinaires. À partir de cette époque, en effet, on possède partout une chronologie assez précise et bien établie ; pour tout ce qui est antérieur, au contraire, on n'obtient en général qu'une très vague approximation, et les dates proposées pour les mêmes événements varient souvent de plusieurs siècles. Même pour les pays où l'on a plus que de simples vestiges épars, comme l'Égypte par exemple, cela est très frappant ; et ce qui est peut-être plus étonnant encore, c'est que, dans un cas exceptionnel et privilégié comme celui de la Chine, qui possède, pour des époques bien plus éloignées, des annales datées au moyen d'observations astronomiques qui ne devraient laisser de place à aucun doute, les modernes n'en qualifient pas moins ces époques de « légendaires ", comme s'il y avait là un domaine où ils ne se reconnaissent le droit à aucune certitude et où ils s'interdisent eux-mêmes d'en obtenir. L'antiquité dite « classique " n'est donc, à vrai dire, qu'une antiquité toute relative, et même beaucoup plus proche des temps modernes que de la véritable antiquité, puisqu'elle ne remonte même pas à la moitié du *Kali-Yuga* , dont la durée n'est elle-même, suivant la doctrine hindoue, que la dixième partie de celle du *Manvantara* ; et l'on pourra suffisamment juger par là jusqu'à quel point les modernes ont raison d'être fiers de l'étendue de leurs connaissances historiques ! Tout cela, répondraient-ils sans doute encore pour se justifier, ce ne sont que des périodes « légendaires ", et c'est pourquoi ils estiment n'avoir pas à en tenir compte ; mais cette réponse n'est précisément que l'aveu de leur ignorance, et d'une incompréhension qui peut seule expliquer leur dédain de la tradition ; l'esprit spécifiquement moderne, ce n'est en effet, comme nous le montrerons plus loin, rien d'autre que l'esprit anti-traditionnel.

Au VIE siècle avant l'ère chrétienne, il se produisit, quelle qu'en ait été la cause, des changements considérables chez presque tous les peuples ; ces changements présentèrent d'ailleurs des caractères différents suivant les pays. Dans certains cas, ce fut une réadaptation de la tradition à des conditions autres que celles qui avaient existé antérieurement, réadaptation qui s'accomplit en un sens rigoureusement orthodoxe ; c'est ce qui eut lieu notamment en Chine, où la doctrine, primitivement constituée en un ensemble unique, fut alors divisée en deux parties nettement distinctes : le Taoïsme, réservé à une élite, et comprenant la métaphysique pure et les sciences traditionnelles d'ordre proprement spéculatif ; le Confucianisme, commun à tous sans distinction, et ayant pour domaine les applications pratiques et principalement sociales. Chez les Perses, il semble qu'il y ait eu également une réadaptation du Mazdéisme, car cette époque fut celle du dernier Zoroastre / [2] /. Dans l'Inde, on vit naître alors le Bouddhisme, qui, quel qu'ait été d'ailleurs son caractère originel / [3] /, devait aboutir, au contraire, tout au moins dans certaines de ses branches, à une révolte contre l'esprit traditionnel, allant jusqu'à la négation de toute autorité, jusqu'à une véritable anarchie, au sens étymologique d'« absence de principe ", dans l'ordre intellectuel et dans l'ordre social. Ce qui est assez curieux, c'est qu'on ne trouve, dans l'Inde, aucun monument remontant au-delà de cette époque, et les orientalistes, qui veulent tout faire commencer au Bouddhisme dont ils exagèrent singulièrement l'importance, ont essayé de tirer parti de cette constatation en faveur de leur thèse ; l'explication du fait est cependant bien simple : c'est que toutes les constructions antérieures étaient en bois, de sorte qu'elles ont naturellement disparu sans laisser de traces / [4] /) ; mais ce qui est vrai, c'est qu'un tel changement dans le mode de construction correspond nécessairement à une modification profonde des conditions générales d'existence du peuple chez qui il s'est produit.

En nous rapprochant de l'Occident, nous voyons que la même époque fut, chez les Juifs, celle de la captivité de Babylone ; et ce qui est peut-être un des faits les plus étonnant qu'on ait à constater, c'est qu'une courte période de soixante-dix ans fut suffisante pour leur faire perdre jusqu'à leur écriture, puisqu'ils durent ensuite reconstituer les Livres sacrés avec des caractères tout autres que ceux qui avaient été en usage jusqu'alors. On pourrait citer encore bien d'autres événements se rapportant à peu près à la même date:nous noterons seulement que ce fut pour Rome le commencement de la période proprement « historique ", succédant à l'époque « légendaire " des rois, et qu'on sait aussi, quoique d'une façon un peu vague, qu'il y eut alors d'importants mouvements chez les peuples celtiques; mais, sans y insister davantage, nous en arriverons à ce qui concerne la Grèce. Là également, le VIe siècle fut le point de départ de la civilisation dite « classique ", la seule à laquelle les modernes reconnaissent le caractère « historique ", et tout ce qui précède est assez mal connu pour être traité de « légendaire ", bien que les découvertes archéologiques récentes ne permettent plus de douter que, du moins, il y eut là une civilisation très réelle ; et nous avons quelques raisons de penser que cette première civilisation hellénique fut beaucoup plus intéressante intellectuellement que celle qui la suivit, et que leurs rapports ne sont pas sans offrir quelque analogie avec ceux qui existent entre l'Europe du moyen âge et l'Europe moderne. Cependant, il convient de remarquer que la scission ne fut pas aussi radicale que dans ce dernier cas, car il y eut, au moins partiellement, une réadaptation effectuée dans l'ordre traditionnel, principalement dans le domaine des « mystères " ; et il faut y rattacher le Pythagorisme, qui fut surtout, sous une forme nouvelle, une restauration de l'Orphisme antérieur, et dont les liens évidents avec le culte delphique de l'Apollon hyperboréen permettent même d'envisager une filiation continue et régulière avec l'une des plus anciennes traditions de l'humanité. Mais, d'autre part, on vit bientôt apparaître quelque chose dont on n'avait encore eu aucun exemple, et qui devait, par la suite, exercer une influence néfaste sur tout le monde occidental : nous voulons parler de ce mode spécial de pensée qui prit et garda le nom de « philosophie " ; et ce point est assez important pour que nous nous y arrêtions quelques instants.

Le mot « philosophie ", en lui-même, peut assurément être pris en un sens fort légitime, qui fut sans doute son sens primitif, surtout s'il est vrai que, comme on le prétend, c'est Pythagore qui l'employa le premier : étymologiquement, il ne signifie rien d'autre qu' « amour de la sagesse " ; il désigne donc tout d'abord une disposition préalable requise pour parvenir à la sagesse, et il peut désigner aussi, par une extension toute naturelle, la recherche qui, naissant de cette disposition même, doit conduire à la connaissance. Ce n'est donc qu'un stade préliminaire et préparatoire, un acheminement vers la sagesse, un degré correspondant à un état inférieur à celle-ci / 5 / ; la déviation qui s'est produite ensuite a consisté à prendre ce degré transitoire pour le but même, à prétendre substituer la « philosophie " à la sagesse, ce qui implique l'oubli ou la méconnaissance de la véritable nature de cette dernière. C'est ainsi que prit naissance ce que nous pouvons appeler la philosophie « profane ", c'est-à-dire une prétendue sagesse purement humaine, donc d'ordre simplement rationnel, prenant la place de la vraie sagesse traditionnelle, supra-rationnelle et « non-humaine ". Pourtant, il subsista encore quelque chose de celle-ci à travers toute l'antiquité ; ce qui le prouve, c'est d'abord la persistance des « mystères ", dont le caractère essentiellement « initiatique " ne saurait être contesté, et c'est aussi le fait que l'enseignement des philosophes eux-mêmes avait à la fois, le plus souvent, un côté « exotérique " et un côté « ésotérique ", ce dernier pouvant permettre le rattachement à un point de vue supérieur, qui se manifeste d'ailleurs d'une façon très nette, quoique peut-être incomplète à certains égards, quelques siècles plus tard, chez les Alexandrins. Pour que la philosophie « profane " fût définitivement constituée comme telle, il fallait que l' « exotérisme " seul demeurât et qu'on allât jusqu'à la négation pure et simple de tout « ésotérisme " ; c'est précisément à quoi devait aboutir, chez les modernes, le mouvement commencé par les Grecs ; les tendances qui s'étaient déjà affirmées chez ceux-ci devaient être alors poussées jusqu'à leurs conséquences les plus extrêmes, et l'importance excessive qu'ils avaient accordée à la pensée rationnelle allait s'accentuer encore pour en arriver au « rationalisme ", attitude spécialement moderne qui consiste, non plus même simplement à ignorer, mais à nier expressément tout ce qui est d'ordre supra-rationnel ; mais n'anticipons pas davantage, car nous aurons à revenir sur ces conséquences et à en voir le développement dans une autre partie de notre exposé.

Dans ce qui vient d'être dit, une chose est à retenir particulièrement au point de vue qui nous occupe : c'est qu'il convient de chercher dans l'antiquité « classique " quelques-unes des origines du monde moderne ; celui-ci n'a donc pas entièrement tort quand il se recommande de la civilisation gréco-latine et s'en prétend le continuateur. Il faut dire, cependant, qu'il ne s'agit que d'une continuation lointaine et quelque peu infidèle, car il y avait malgré tout, dans cette antiquité, bien des choses, dans l'ordre intellectuel et spirituel, dont on ne saurait trouver l'équivalent chez les modernes ; ce sont, en tout cas, dans l'obscuration progressive de la vraie connaissance, deux degrés assez différents. On pourrait d'ailleurs concevoir que la décadence de la civilisation antique ait amené, d'une façon graduelle et sans solution de continuité, un état plus ou moins semblable à celui que nous voyons aujourd'hui ; mais, en fait, il n'en fut pas ainsi, et, dans l'intervalle, il y eut, pour l'Occident, une autre époque critique qui fut en même temps une de ces époques de redressement auxquelles nous faisions allusion plus haut.

Cette époque est celle du début et de l'expansion du Christianisme, coïncidant, d'une part, avec la dispersion du peuple juif, et, d'autre part, avec la dernière phase de la civilisation gréco-latine ; et nous pouvons passer plus rapidement sur ces événements, en dépit de leur importance, parce qu'ils sont plus généralement connus que ceux dont nous avons parlé jusqu'ici, et que leur synchronisme a été plus remarqué, même des historiens dont les vues sont les plus superficielles. On a aussi signalé assez souvent certains traits communs à la décadence antique et à l'époque actuelle ; et, sans vouloir pousser trop loin le parallélisme, on doit reconnaître qu'il y a en effet quelques ressemblances assez frappantes. La philosophie purement « profane " avait gagné du terrain : l'apparition du scepticisme d'un côté, le succès du « moralisme " stoïcien et épicurien de l'autre, montrent assez à quel point l'intellectualité s'était abaissée. En même temps, les anciennes doctrines sacrées, que presque personne ne comprenait plus, avaient dégénéré, du fait de cette incompréhension, en « paganisme " au vrai sens de ce mot, c'est-à-dire qu'elles n'étaient plus que des « superstitions ", des choses qui, ayant perdu leur signification profonde, se survivent à elles-mêmes par des manifestations tout extérieures. Il y eut des essais de réaction contre cette déchéance l'hellénisme lui-même tenta de se revivifier à l'aide d'éléments empruntés aux doctrines orientales avec lesquelles il pouvait se trouver en contact ; mais cela n'était plus suffisant, la civilisation gréco-latine devait prendre fin, et le redressement devait venir d'ailleurs et s'opérer sous une tout autre forme. Ce fut le Christianisme qui accomplit cette transformation ;

et, notons-le en passant, la comparaison qu'on peut établir sous certains rapports entre ce temps et le nôtre est peut-être un des éléments déterminants du « messianisme " désordonné qui se fait jour actuellement. Après la période troublée des invasions barbares, nécessaire pour achever la destruction de l'ancien état de choses, un ordre normal fut restauré pour une durée de quelques siècles ; ce fut le moyen âge, si méconnu des modernes qui sont incapables d'en comprendre l'intellectualité, et pour qui cette époque paraît certainement beaucoup plus étrangère et lointaine que l'antiquité « classique ".

Le vrai moyen âge, pour nous, s'étend du règne de Charlemagne au début du XIVe siècle ; à cette dernière date commence une nouvelle décadence qui, à travers des étapes diverses, ira en s'accentuant jusqu'à nous. C'est là qu'est le véritable point de départ de la crise moderne : c'est le commencement de la désagrégation de la « Chrétienté ", à laquelle s'identifiait essentiellement la civilisation occidentale du moyen âge ; c'est, en même temps que la fin du régime féodal, assez étroitement solidaire de cette même « Chrétienté ", l'origine de la constitution des « nationalités ". Il faut donc faire remonter l'époque moderne près de deux siècles plus tôt qu'on ne le fait d'ordinaire ; la Renaissance et la Réforme sont surtout des résultantes, et elles n'ont été rendues possibles que par la décadence préalable ; mais, bien loin d'être un redressement, elles marquèrent une chute beaucoup plus profonde, parce qu'elles consommèrent la rupture définitive avec l'esprit traditionnel, l'une dans le domaine des sciences et des arts, l'autre dans le domaine religieux lui-même, qui était pourtant celui où une telle rupture eût pu sembler le plus difficilement concevable.

Ce qu'on appelle la Renaissance fut en réalité, comme nous l'avons déjà dit en d'autres occasions, la mort de beaucoup de choses ; sous prétexte de revenir à la civilisation gréco-romaine, on n'en prit que ce qu'elle avait eu de plus extérieur, parce que cela seul avait pu s'exprimer clairement dans des textes écrits ; et cette restitution incomplète ne pouvait d'ailleurs avoir qu'un caractère fort artificiel, puisqu'il s'agissait de formes qui, depuis des siècles, avaient cessé de vivre de leur vie véritable. Quant aux sciences traditionnelles du moyen âge, après avoir eu encore quelques dernières manifestations vers cette époque, elles disparurent aussi totalement que celles des civilisations lointaines qui furent jadis anéanties par quelque cataclysme ; et, cette fois, rien ne devait venir les remplacer. Il n'y eut plus désormais que la philosophie et la science « profanes ", c'est-à-dire la négation de la véritable intellectualité, la limitation de la connaissance à l'ordre le plus inférieur, l'étude empirique et analytique de faits qui ne sont rattachés à aucun principe, la dispersion dans une multitude indéfinie de détails insignifiants, l'accumulation d'hypothèses sans fondement, qui se détruisent incessamment les unes les autres, et de vues fragmentaires qui ne peuvent conduire à rien, sauf à ces applications pratiques qui constituent la seule supériorité effective de la civilisation moderne ; supériorité peu enviable d'ailleurs, et qui, en se développant jusqu'à étouffer toute autre préoccupation, a donné à cette civilisation le caractère purement matériel qui en fait une véritable monstruosité.

Ce qui est tout à fait extraordinaire, c'est la rapidité avec laquelle la civilisation du moyen âge tomba dans le plus complet oubli ; les hommes du XVII*e* siècle n'en avaient plus la moindre notion, et les monuments qui en subsistaient ne représentaient plus rien à leurs yeux, ni dans l'ordre intellectuel, ni même dans l'ordre esthétique ; on peut juger par là combien la mentalité avait été changée dans l'intervalle. Nous n'entreprendrons pas de rechercher ici les facteurs, certainement fort complexes, qui concoururent à ce changement, si radical qu'il semble difficile d'admettre qu'il ait pu s'opérer spontanément et sans l'intervention d'une volonté directrice dont la nature exacte demeure forcément assez énigmatique ; il y a, à cet égard, des circonstances bien étranges, comme la vulgarisation, à un moment déterminé, et en les présentant comme des découvertes nouvelles, de choses qui étaient connues en réalité depuis fort longtemps, mais dont la connaissance, en raison de certains inconvénients qui risquaient d'en dépasser les avantages, n'avait pas été répandue jusque là dans le domaine public / [6] / . Il était bien invraisemblable aussi que la légende qui fit du moyen âge une époque de « ténèbres ", d'ignorance et de barbarie, ait pris naissance et se soit accréditée d'elle-même, et que la véritable falsification de l'histoire à laquelle les modernes se sont livrés ait été entreprise sans aucune idée préconçue ; mais nous n'irons pas plus avant dans l'examen de cette question, car, de quelque façon que ce travail se soit accompli, c'est, pour le moment, la constatation du résultat qui, en somme, nous importe le plus.

Il y a un mot qui fut mis en honneur à la Renaissance, et qui résumait par avance tout le programme de la civilisation moderne : ce mot est celui d' « humanisme ". Il s'agissait en effet de tout réduire à des proportions purement humaines, de faire abstraction de tout principe d'ordre supérieur, et, pourrait-on dire symboliquement, de se détourner du ciel sous prétexte de conquérir la terre ; les Grecs, dont on prétendait suivre l'exemple, n'avaient jamais été aussi loin en ce sens, même au temps de leur plus grande décadence intellectuelle, et du moins les préoccupations utilitaires n'étaient-elles jamais passées chez eux au premier plan, ainsi que cela devait bientôt se produire chez les modernes. L' « humanisme ", c'était déjà une première forme de ce qui est devenu le « laïcisme " contemporain ; et, en voulant tout ramener à la mesure de l'homme, pris pour une fin en lui-même, on a fini par descendre, d'étape en étape, au niveau de ce qu'il y a en celui-ci de plus inférieur, et par ne plus guère chercher que la satisfaction des besoins inhérents au côté matériel de sa nature, recherche bien illusoire, du reste, car elle crée toujours plus de besoins artificiels qu'elle n'en peut satisfaire.

Le monde moderne ira-t-il jusqu'au bas de cette pente fatale, ou bien, comme il est arrivé à la décadence du monde gréco-latin, un nouveau redressement se produira-t-il, cette fois encore, avant qu'il n'ait atteint le fond de l'abîme où il est entraîné ? Il semble bien qu'un arrêt à mi-chemin ne soit plus guère possible, et que, d'après toutes les indications fournies par les doctrines traditionnelles, nous soyons entrés vraiment dans la phase finale du *Kali-Yuga* , dans la période la plus sombre de cet « âge sombre ", dans cet état de dissolution dont il n'est plus possible de sortir que par un cataclysme, car ce n'est plus un simple redressement qui est alors nécessaire, mais une rénovation totale. Le désordre et la confusion règnent dans tous les domaines ; ils ont été portés à un point qui dépasse de loin tout ce qu'on avait vu précédemment, et, partis de l'Occident, ils menacent maintenant d'envahir le monde tout entier ; nous savons bien que leur triomphe ne peut jamais être qu'apparent et passager, mais, à un tel degré, il paraît être le signe de la plus grave de toutes les crises que l'humanité ait traversées au cours de son cycle actuel. Ne sommes —nous pas arrivés à cette époque redoutable annoncée par les Livres sacrés de l'Inde, « où les castes seront mêlées, où la famille même n'existera plus " ? Il suffit de regarder autour de soi pour se convaincre que cet état est bien réellement celui du monde actuel, et pour constater partout cette déchéance profonde que l'Évangile appelle « l'abomination de la désolation ". Il ne faut pas se dissimuler la gravité de la situation ; il convient de l'envisager telle qu'elle est, sans aucun « optimisme ", mais aussi sans aucun « pessimisme ", puisque, comme nous le disions précédemment, la fin de l'ancien monde sera aussi le commencement d'un monde nouveau.

Maintenant, une question se pose : quelle est la raison d'être d'une période comme celle où nous vivons ? En effet, si anormales que soient les conditions présentes considérées en elles-mêmes, elles doivent cependant rentrer dans l'ordre général des choses, dans cet ordre qui, suivant une formule extrême-orientale, est fait de la somme de tous les désordres ; cette époque, si pénible et si troublée qu'elle soit, doit avoir aussi, comme toutes les autres, sa place marquée dans l'ensemble du développement humain, et d'ailleurs le fait même qu'elle était prévue par les doctrines traditionnelles est à cet égard une indication suffisante. Ce que nous avons dit de la marche générale d'un cycle de manifestation, allant dans le sens d'une matérialisation progressive, donne immédiatement l'explication d'un tel état, et montre bien que ce qui est anormal et désordonné à un certain point de vue particulier n'est pourtant que la conséquence d'une loi se rapportant à un point de vue supérieur ou plus étendu. Nous ajouterons, sans y insister, que, comme tout changement d'état, le passage d'un cycle à un autre ne peut s'accomplir que dans l'obscurité ; il y a là encore une loi fort importante et dont les applications sont multiples, mais dont, par cela même, un exposé quelque peu détaillé nous entraînerait beaucoup trop loin / [7] /.

Ce n'est pas tout : l'époque moderne doit nécessairement correspondre au développement de certaines des possibilités qui, dès l'origine, étaient incluses dans la potentialité du cycle actuel ; et, si inférieur que soit le rang occupé par ces possibilités dans la hiérarchie de l'ensemble, elles n'en devaient pas moins, aussi bien que les autres, être appelées à la manifestation selon l'ordre qui leur était assigné. Sous ce rapport, ce qui, suivant la tradition, caractérise l'ultime phase du cycle, c'est, pourrait-on dire, l'exploitation de tout ce qui a été négligé ou rejeté au cours des phases précédentes ; et, effectivement, c'est bien là ce que nous pouvons constater dans la civilisation moderne, qui ne vit en quelque sorte que de ce dont les civilisations antérieures n'avaient pas voulu. Il n'y a, pour s'en rendre compte, qu'à voir comment les représentants de celles de ces civilisations qui se sont maintenues jusqu'ici dans le monde oriental apprécient les sciences occidentales et leurs applications industrielles. Ces connaissances inférieures, si vaines au regard de qui possède une connaissance d'un autre ordre, devaient pourtant être « réalisées ", et elles ne pouvaient l'être qu'à un stade où la véritable intellectualité aurait disparu ; ces recherches d'une portée exclusivement pratique, au sens le plus étroit de ce mot, devaient être accomplies, mais elles ne pouvaient l'être qu'à l'extrême opposé de la spiritualité primordiale, par des hommes enfoncés dans la matière au point de ne plus rien concevoir au-delà, et devenant d'autant plus esclaves de cette matière qu'ils voudraient s'en servir davantage, ce qui les conduit à une agitation toujours croissante, sans règle et sans but, à la dispersion dans la pure multiplicité, jusqu'à la dissolution finale.

Telle est, esquissée dans ses grands traits et réduite à l'essentiel, la véritable explication du monde moderne ; mais, déclarons-le très nettement, cette explication ne saurait aucunement être prise pour une justification. Un malheur inévitable n'en est pas moins un malheur ; et, même si du mal doit sortir un bien, cela n'enlève point au mal son caractère ; nous n'employons d'ailleurs ici, bien entendu, ces termes de « bien " et de « mal " que pour nous faire mieux comprendre, et en dehors de toute intention spécifiquement «

morale ". Les désordres partiels ne peuvent pas ne pas être, parce qu'ils sont des éléments nécessaires de l'ordre total ; maïs, malgré cela, une époque de désordre est, en elle-même, quelque chose de comparable à une monstruosité, qui, tout en étant la conséquence de certaines lois naturelles, n'en est pas moins une déviation et une sorte d'erreur, ou à un cataclysme, qui, bien que résultant du cours normal des choses, est tout de même, si on l'envisage isolément, un bouleversement et une anomalie. La civilisation moderne, comme toutes choses, a forcément sa raison d'être, et, si elle est vraiment celle qui termine un cycle, on peut dire qu'elle est ce qu'elle doit être, qu'elle vient en son temps et en son lieu ; mais elle n'en devra pas moins être jugée selon la parole évangélique trop souvent mal comprise : « Il faut qu'il y ait du scandale ; mais malheur à celui par qui le scandale arrive ! "

CHAPITRE II

L'opposition de l'Orient et de l'Occident

Un des caractères particuliers du monde moderne, c'est la scission qu'on y remarque entre l'Orient et l'Occident ; et, bien que nous ayons déjà traité cette question d'une façon plus spéciale, il est nécessaire d'y revenir ici pour en préciser certains aspects et dissiper quelques malentendus. La vérité est qu'il y eut toujours des civilisations diverses et multiples, dont chacune s'est développée d'une façon qui lui était propre et dans un sens conforme aux aptitudes de tel peuple ou de telle race ; mais distinction ne veut pas dire opposition, et il peut y avoir une sorte d'équivalence entre des civilisations de formes très différentes, dès lors qu'elles reposent toutes sur les mêmes principes fondamentaux, dont elles représentent seulement des applications conditionnées par des circonstances variées. Tel est le cas de toutes les civilisations que nous pouvons appeler normales, ou encore traditionnelles ; il n'y a entre elles aucune opposition essentielle, et les divergences, s'il en existe, ne sont qu'extérieures et superficielles. Par contre, un civilisation qui ne reconnaît aucun principe supérieur, qui n'est même fondé en réalité que sur une négation des principes, est par là même dépourvue de tout moyen d'entente avec les autres, car cette entente, pour être vraiment profonde et efficace, ne peut s'établir que par en haut, c'est-à-dire précisément par ce qui manque à cette civilisation anormale et déviée. Dans l'état présent du monde, nous avons donc, d'un côté, toutes les civilisations qui sont demeurées fidèles à l'esprit traditionnel, et qui sont les civilisations orientales, et, de l'autre, une civilisation proprement antitraditionnelle, qui est la civilisation occidentale moderne.

Pourtant, certains ont été jusqu'à contester que la division même de l'humanité en Orient et Occident corresponde à une réalité ; mais, tout au moins pour l'époque actuelle, cela ne semble pas pouvoir être sérieusement mis en doute. D'abord, qu'il existe une civilisation occidentale, commune à l'Europe et à l'Amérique, c'est là un fait sur lequel tout le monde doit être d'accord, quel que soit d'ailleurs le jugement qu'on portera sur la valeur de cette civilisation. Pour l'Orient, les choses sont moins simples, parce qu'il existe effectivement, non pas une, mais plusieurs civilisations orientales ; mais il suffit qu'elles possèdent certains traits communs, ceux qui caractérisent ce que nous avons appelé une civilisation traditionnelle, et que ces mêmes traits ne se trouvent pas dans la civilisation occidentale, pour que la distinction et même l'opposition de l'Orient et de l'Occident soit pleinement justifiée. Or il en est bien ainsi, et le caractère traditionnel est en effet commun à toutes les civilisations orientales, pour lesquelles nous rappellerons, afin de mieux fixer les idées, la division générale que nous avons adoptée précédemment, et qui, bien que peut-être un peu trop simplifiée si l'on voulait entrer dans le détail, est cependant exacte quand on s'en tient aux grandes lignes : l'Extrême-Orient, représenté essentiellement par la civilisation chinoise ; le Moyen-Orient, par la civilisation hindoue ; le Proche-Orient, par la civilisation islamique. Il convient d'ajouter que cette dernière, à bien des égards, devrait plutôt être regardée comme intermédiaire entre l'Orient et l'Occident, et que beaucoup de ses caractères la rapprochent même surtout de ce que fut la civilisation occidentale du moyen âge ; mais, si on l'envisage par rapport à l'Occident moderne, on doit reconnaître qu'elle s'y oppose au même titre que les civilisations proprement orientales, auxquelles il faut donc l'associer à ce point de vue.

C'est là ce sur quoi il est essentiel d'insister : l'opposition de l'Orient et de l'Occident n'avait aucune raison d'être lorsqu'il y avait aussi en Occident des civilisations traditionnelles ; elle n'a donc de sens que s'il s'agit spécialement de l'Occident moderne, car cette opposition est beaucoup plus celle de deux esprits que celle de deux entités géographiques plus ou moins nettement définies. À certaines époques, dont la plus proche de nous est le moyen âge, l'esprit occidental ressemblait fort, par ses côtés les plus importants, à ce qu'est encore aujourd'hui l'esprit oriental, bien plus qu'à ce qu'il est devenu lui-même dans les temps modernes ; la civilisation occidentale était alors comparable aux civilisations orientales, au même titre que celles-ci le sont entre elles. Il s'est produit, au cours des derniers siècles, un changement considérable, beaucoup plus grave que toutes les déviations qui avaient pu se manifester antérieurement en des époques de décadence, puisqu'il va même jusqu'à un véritable renversement dans la direction donnée à l'activité humaine ; et c'est dans le monde occidental exclusivement que ce changement a pris naissance. Par conséquent, lorsque nous disons esprit occidental, en nous référant à ce qui existe présentement, ce qu'il faut entendre par là n'est pas autre chose que l'esprit moderne ; et, comme l'autre esprit ne s'est maintenu qu'en Orient, nous pouvons, toujours par rapport aux conditions actuelles, l'appeler esprit oriental. Ces deux termes, en somme, n'expriment rien d'autre qu'une situation de fait ; et, s'il apparaît bien clairement que l'un des deux esprits en présence est effectivement occidental, parce que son apparition appartient à l'histoire récente, nous n'entendons rien préjuger quant à la provenance de l'autre, qui fut jadis commun à l'Orient et à l'Occident, et dont l'origine, à vrai dire, doit se confondre avec celle de l'humanité elle-même, puisque c'est là l'esprit que l'on pourrait qualifier de normal, ne serait-ce que parce qu'il a inspiré toutes les civilisations que nous connaissons plus ou moins complètement, à l'exception d'une seule, qui est la civilisation occidentale moderne.

Quelques-uns, qui n'avaient sans doute pas pris la peine de lire nos livres, ont cru devoir nous reprocher d'avoir dit que toutes les doctrines traditionnelles avaient une origine orientale, que l'antiquité occidentale elle-même, à toutes les époques, avait toujours reçu ses traditions de l'Orient ; nous n'avons jamais rien écrit de semblable, ni même rien qui puisse suggérer une telle opinion, pour la simple raison que nous savons très bien que cela est faux. En effet, ce sont précisément les données traditionnelles qui s'opposent nettement à une assertion de ce genre : on trouve partout l'affirmation formelle que la tradition primordiale du cycle actuel est venue des régions hyperboréennes ; il y eut ensuite plusieurs courants secondaires, correspondant à des périodes diverses, et dont un des plus importants, tout au moins parmi ceux dont les vestiges sont encore discernables, alla incontestablement de l'Occident vers l'Orient. Mais tout cela se rapporte à des époques fort lointaines, de celles qui sont communément dites « préhistoriques ", et ce n'est pas là ce que nous avons en vue ; ce que nous disons, c'est d'abord que, depuis fort longtemps déjà, le dépôt de la tradition primordiale a été transféré en Orient, et que c'est là que se trouvent maintenant les formes doctrinales qui en sont issues le plus directement ; c'est ensuite que, dans l'état actuel des choses, le véritable esprit traditionnel, avec tout ce qu'il implique, n'a plus de représentants authentiques qu'en Orient.

Pour compléter cette mise au point, nous devons nous expliquer aussi, au moins brièvement, sur certaines idées de restauration d'une

« tradition occidentale " qui ont vu le jour dans divers milieux contemporains ; le seul intérêt qu'elles présentent, au fond, c'est de montrer que quelques esprits ne sont plus satisfaits de la négation moderne, qu'ils éprouvent le besoin d'autre chose que de ce que leur offre notre époque, qu'ils entrevoient la possibilité d'un retour à la tradition, sous une forme ou sous une autre, comme l'unique moyen de sortir de la crise actuelle. Malheureusement, le « traditionalisme " n'est point la même chose que le véritable esprit traditionnel ; il peut n'être, et il n'est bien souvent en fait, qu'une simple tendance, une aspiration plus ou moins vague, qui ne suppose aucune connaissance réelle ; et, dans le désarroi mental de notre temps, cette aspiration provoque surtout, il faut bien le dire, des conceptions fantaisistes et chimériques, dépourvues de tout fondement sérieux. Ne trouvant aucune tradition authentique sur laquelle on puisse s'appuyer, on va jusqu'à imaginer des pseudo-traditions qui n'ont jamais existé, et qui manquent tout autant de principes que ce à quoi on voudrait les substituer ; tout le désordre moderne se reflète dans ces constructions, et, quelles que puissent être les intentions de leurs auteurs, le seul résultat qu'ils obtiennent est d'apporter une contribution nouvelle au déséquilibre général. Nous ne mentionnerons que pour mémoire, en ce genre, la prétendue « tradition occidentale " fabriquée par certains occultistes à l'aide des éléments les plus disparates, et surtout destinée à faire concurrence à une « tradition orientale " non moins imaginaire, celle des théosophistes ; nous avons suffisamment parlé de ces choses ailleurs, et nous préférons en venir tout de suite à l'examen de quelques autres théories qui peuvent sembler plus dignes d'attention, parce qu'on y trouve tout au moins le désir de faire appel à des traditions qui ont eu une existence effective.

Nous faisions allusion tout à l'heure au courant traditionnel venu des régions occidentales ; les récits des anciens, relatifs à l'Atlantide, en indiquent l'origine ; après la disparition de ce continent, qui est le dernier des grands cataclysmes arrivés dans le passé, il ne semble pas douteux que des restes de sa tradition aient été transportés en des régions diverses, où ils se sont mêlés à d'autres traditions préexistantes, principalement à des rameaux de la grande tradition hyperboréenne ; et il est fort possible que les doctrines des Celtes, en particulier, aient été un des produits de cette fusion. Nous sommes fort loin de contester ces choses ; mais que l'on songe bien à ceci : c'est que la forme proprement « atlantéenne " a disparu il y a des milliers d'années, avec la civilisation à laquelle elle appartenait, et dont la destruction ne peut s'être produite qu'à la suite d'une déviation qui était peut-être comparable, à certains égards, à celle que nous constatons aujourd'hui, bien qu'avec une notable différence tenant à ce que l'humanité n'était pas encore entrée alors dans le *Kali-Yuga* ; c'est aussi que cette tradition ne correspondait qu'à une période secondaire de notre cycle, et que ce serait une grande erreur que de prétendre l'identifier à la tradition primordiale dont toutes les autres sont issues, et qui seule demeure du commencement à la fin. Il serait hors de propos d'exposer ici toutes les données qui justifient ces affirmations ; nous n'en retiendrons que la conclusion, qui est l'impossibilité de faire revivre présentement une tradition « atlantéenne ", ou même de s'y rattacher plus ou moins directement ; il y a d'ailleurs bien de la fantaisie dans les tentatives de cette sorte. Il n'en est pas moins vrai qu'il peut être intéressant de rechercher l'origine des éléments qui se rencontrent dans les traditions ultérieures, pourvu qu'on le fasse avec toutes les précautions nécessaires pour se garder de certaines illusions ; mais ces recherches ne peuvent en aucun cas aboutir à la résurrection d'une tradition qui ne serait adaptée à aucune des conditions actuelles de notre monde.

Il en est d'autres qui veulent se rattacher au « celtisme ", et, parce qu'ils font ainsi appel à quelque chose qui est moins éloigné de nous, il peut sembler que ce qu'ils proposent soit moins irréalisable ; pourtant, où trouveront-ils aujourd'hui le « celtisme " à l'état pur, et doué encore d'une vitalité suffisante pour qu'il soit possible d'y prendre un point d'appui ? Nous ne parlons pas, en effet, de reconstitutions archéologiques ou simplement « littéraires ", comme on en a vu quelques-unes ; c'est de tout autre chose qu'il s'agit. Que des éléments celtiques très reconnaissables et encore utilisables soient parvenus jusqu'à nous par divers intermédiaires, cela est vrai ; mais ces éléments sont très loin de représenter l'intégralité d'une tradition, et, chose surprenante, celle-ci, dans les pays mêmes où elle a vécu jadis, est maintenant plus complètement ignorée encore que celles de beaucoup de civilisations qui furent toujours étrangères à ces mêmes pays ; n'y a-t-il pas là quelque chose qui devrait donner à réfléchir, tout au moins à ceux qui ne sont pas entièrement dominés par une idée préconçue ? Nous dirons plus : dans tous les cas comme celui-là, où l'on a affaire aux vestiges laissés par des civilisations disparues, il n'est possible de les comprendre vraiment que par comparaison avec ce qu'il y a de similaire dans les civilisations traditionnelles qui sont encore vivantes ; et l'on peut en dire autant pour le moyen âge lui-même, où se rencontrent tant de choses dont la signification est perdue pour les Occidentaux modernes. Cette prise de contact avec les traditions dont l'esprit subsiste toujours est même le seul moyen de revivifier ce qui est encore susceptible de l'être ; et c'est là, comme nous l'avons déjà indiqué bien souvent, un des plus grands services que l'Orient puisse rendre à l'Occident. Nous ne nions pas la survivance d'un certain « esprit celtique ", qui peut encore se manifester sous des formes diverses, comme il l'a fait déjà à différentes époques ; mais, quand on vient nous assurer qu'il existe toujours des centres spirituels conservant intégralement la tradition druidique, nous attendons qu'on nous en fournisse la preuve, et, jusqu'à nouvel ordre, cela nous paraît bien douteux, sinon tout à fait invraisemblable.

La vérité est que les éléments celtiques subsistants ont été pour la plupart, au moyen âge, assimilés par le Christianisme ; la légende du « Saint Graal ", avec tout ce qui s'y rattache, est, à cet égard, un exemple particulièrement probant et significatif. Nous pensons d'ailleurs qu'une tradition occidentale, si elle parvenait à se reconstituer, prendrait forcément une forme extérieure religieuse, au sens le plus strict de ce mot, et que cette forme ne pourrait être que chrétienne, car, d'une part, les autres formes possibles sont depuis trop longtemps étrangères à la mentalité occidentale, et, d'autre part, c'est dans le Christianisme seul, disons plus précisément encore dans le Catholicisme, que se trouvent, en Occident, les restes d'esprit traditionnel qui survivent encore. Toute tentative « traditionaliste " qui ne tient pas compte de ce fait est inévitablement vouée à l'insuccès, parce qu'elle manque de base ; il est trop évident qu'on ne peut s'appuyer que sur ce qui existe d'une façon effective, et que, là où la continuité fait défaut, il ne peut y avoir que des reconstitutions artificielles et qui ne sauraient être viables ; si l'on objecte que le Christianisme même, à notre époque, n'est plus guère compris vraiment et dans son sens profond, nous répondrons qu'il a du moins gardé, dans sa forme même, tout ce qui est nécessaire pour fournir la base dont il s'agit. La tentative la moins chimérique, la seule même qui ne se heurte pas à des impossibilités immédiates, serait donc celle qui viserait à restaurer quelque chose de comparable à ce qui exista au moyen âge, avec les différences requises par la modification des circonstances ; et, pour tout ce qui est entièrement perdu en Occident, il conviendrait de faire appel aux traditions qui se sont conservées intégralement, comme nous l'indiquions tout à l'heure, et d'accomplir ensuite un travail d'adaptation qui ne pourrait être que l'œuvre d'une élite intellectuelle fortement constituée. Tout cela, nous l'avons déjà dit ; mais il est bon d'y insister encore, parce que trop de rêveries inconsistantes se donnent libre cours actuellement, et aussi parce qu'il faut bien comprendre que, si les traditions orientales, dans leurs formes propres, peuvent assurément être assimilées par une élite qui, par définition en quelque sorte, doit être au-delà de toutes les formes, elles ne pourront sans doute jamais l'être, à moins de transformations imprévues, par la généralité des Occidentaux, pour qui elles n'ont point été faites. Si une élite occidentale arrive à se former, la connaissance vraie des doctrines orientales, pour la raison que nous venons d'indiquer, lui sera indispensable pour remplir sa fonction ; mais ceux qui n'auront qu'à recueillir le bénéfice de son travail, et qui seront le plus grand nombre, pourront fort bien n'avoir aucune conscience de ces choses, et l'influence qu'ils en recevront, pour ainsi dire sans s'en douter et en tout cas par des moyens qui leur échapperont entièrement, n'en sera pas pour cela moins réelle ni moins efficace. Nous n'avons jamais dit autre chose ; mais nous avons cru devoir le répéter ici aussi nettement que possible, parce que, si nous devons nous attendre à ne pas être toujours entièrement compris par tous, nous tenons du moins à ce qu'on ne nous attribue pas des intentions qui ne sont aucunement les nôtres.

Mais laissons maintenant de côté toutes les anticipations, puisque c'est le présent état de choses qui doit nous occuper surtout, et revenons encore un instant sur les idées de restauration d'une « tradition occidentale ", telles que nous pouvons les observer autour de nous. Une seule remarque suffirait à montrer que ces idées ne sont point « dans l'ordre ", s'il est permis de s'exprimer ainsi : c'est qu'elles sont presque toujours conçues dans un esprit d'hostilité plus ou moins avouée vis-à-vis de l'Orient. Ceux mêmes qui voudraient s'appuyer sur le Christianisme sont parfois, il faut bien le dire, animés de cet esprit ; ils semblent chercher avant tout à découvrir des oppositions qui, en réalité, sont parfaitement inexistantes ; et c'est ainsi que nous avons entendu émettre cette opinion absurde, que, si les mêmes choses se trouvent à la fois dans le Christianisme et dans les doctrines orientales, et exprimées de part et d'autre sous une forme presque identique, elles n'ont cependant pas la même signification dans les deux cas, qu'elles ont même une signification contraire ! Ceux qui émettent de semblables affirmations prouvent par là que, quelles que soient leurs prétentions, ils ne sont pas allés bien loin dans la compréhension des doctrines traditionnelles, puisqu'ils n'ont pas entrevu l'identité fondamentale qui se dissimule sous toutes les différences de formes extérieures, et que, là même où cette identité devient tout à fait apparente, ils s'obstinent encore à la méconnaître. Aussi ceux-là n'envisagent-ils le Christianisme lui-même que d'une façon tout à fait extérieure, qui ne saurait répondre à la notion d'une véritable doctrine traditionnelle, offrant dans tous les ordres une synthèse complète ; c'est le principe qui leur manque, en quoi ils sont affectés, beaucoup plus qu'ils ne le peuvent penser, de cet esprit moderne contre lequel ils voudraient pourtant réagir ; et, lorsqu'il leur arrive d'employer le mot de « tradition ", ils ne le prennent certainement pas dans le même sens que nous.

Dans la confusion mentale qui caractérise notre époque, on en est arrivé à appliquer indistinctement ce même mot de « tradition " à toutes sortes de choses, souvent fort insignifiantes, comme de simples coutumes sans aucune portée et parfois d'origine toute récente ; nous avons signalé ailleurs un abus du même genre en ce qui concerne le mot de « religion ". Il faut se méfier de ces déviations du langage, qui traduisent une sorte de dégénérescence des idées correspondantes ; et ce n'est pas parce que quelqu'un s'intitule « traditionaliste " qu'il est sûr qu'il sache, même imparfaitement, ce qu'est la tradition au vrai sens de ce mot. Pour notre part, nous nous refusons absolument à donner ce nom à tout ce qui est d'ordre purement humain ; il n'est pas inopportun de le déclarer expressément lorsqu'on rencontre à tout instant, par exemple, une expression comme celle de « philosophie traditionnelle ". Une philosophie, même si elle est vraiment tout ce qu'elle peut être, n'a aucun droit à ce titre, parce qu'elle se tient tout entière dans l'ordre rationnel, même si elle ne nie pas ce qui le dépasse, et parce qu'elle n'est qu'une construction édifiée par des individus humains, sans révélation ou inspiration d'aucune sorte, ou, pour résumer tout cela en un seul mot, parce qu'elle est quelque chose d'essentiellement « profane ". D'ailleurs, en dépit de toutes les illusions où certains semblent se complaire, ce n'est certes pas une science toute « livresque " qui peut suffire à redresser la mentalité d'une race et d'une époque ; et il faut pour cela autre chose qu'une spéculation philosophique, qui, même dans le cas le plus favorable, est condamnée, par sa nature même, à demeurer tout extérieure et beaucoup plus verbale que réelle. Pour restaurer la tradition perdue, pour la revivifier véritablement, il faut le contact de l'esprit traditionnel vivant, et nous l'avons déjà dit, ce n'est qu'en Orient que cet esprit est encore pleinement vivant ; il n'en est pas moins vrai que cela même suppose avant tout, en Occident, une aspiration vers un retour à cet esprit traditionnel, mais ce ne peut guère être qu'une simple aspiration. Les quelques mouvements de réaction « antimoderne " d'ailleurs bien incomplète à notre avis, qui se sont produits jusqu'ici, ne peuvent que nous confirmer dans cette conviction, car tout cela, qui est sans doute excellent dans sa partie négative et critique, est pourtant fort éloigné d'une restauration de la véritable intellectualité et ne se développe que dans les limites d'un horizon mental assez restreint. C'est cependant quelque chose, en ce sens que c'est l'indice d'un état d'esprit dont on aurait eu bien de la peine à trouver la moindre trace il y a peu d'années encore ; si tous les Occidentaux ne sont plus unanimes à se contenter du développement exclusivement matériel de la civilisation moderne, c'est peut-être là un signe que, pour eux, tout espoir de salut n'est pas encore entièrement perdu.

Quoi qu'il en soit, si l'on suppose que l'Occident, d'une façon quelconque, revienne à sa tradition, son opposition avec l'Orient se trouverait par là même résolue et cesserait d'exister, puisqu'elle n'a pris naissance que du fait de la déviation occidentale, et qu'elle n'est en réalité que l'opposition de l'esprit traditionnel et de l'esprit anti-traditionnel. Ainsi, contrairement à ce que supposent ceux auxquels nous faisions allusion il y a un instant, le retour à la tradition aurait, parmi ses premiers résultats, celui de rendre une entente avec l'Orient immédiatement possible, comme elle l'est entre toutes les civilisations qui possèdent des éléments comparables ou équivalents, et entre celles-là seulement, car ce sont ces éléments qui constituent l'unique terrain sur lequel cette entente puisse s'opérer valablement. Le véritable esprit traditionnel, de quelque forme qu'il se revête, est partout et toujours le même au fond ; les formes diverses, qui sont spécialement adaptées à telles ou telles conditions mentales, à telles ou telles circonstances de temps et de lieu, ne sont que des expressions d'une seule et même vérité ; mais il faut pouvoir se placer dans l'ordre de l'intellectualité pure pour découvrir cette unité fondamentale sous leur apparente multiplicité. D'ailleurs, c'est dans cet ordre intellectuel que résident les principes dont tout le reste dépend normalement à titre de conséquences ou d'applications plus ou moins éloignées ; c'est donc sur ces principes qu'il faut s'accorder avant tout, s'il doit s'agir d'une entente vraiment profonde, puisque c'est là tout l'essentiel ; et, dès lors qu'on les comprend réellement, l'accord se fait de lui-même. Il faut remarquer, en effet, que la connaissance des principes, qui est la connaissance par excellence, la connaissance métaphysique au vrai sens de ce mot, est universelle comme les principes eux-mêmes, donc entièrement dégagée de toutes les contingences individuelles, qui interviennent au contraire nécessairement dès qu'on en vient aux applications ; aussi ce domaine purement intellectuel est-il le seul où il n'y ait pas besoin d'un effort d'adaptation entre mentalités différentes. En outre, lorsqu'un travail de cet ordre est accompli, il n'y a plus qu'à en développer les résultats pour que l'accord dans tous les autres domaines se trouve également réalisé, puisque, comme nous venons de le dire, c'est là ce dont tout dépend directement ou indirectement ; par contre, l'accord obtenu dans un domaine particulier, en dehors des principes, sera toujours éminemment instable et précaire, et beaucoup plus semblable à une combinaison diplomatique qu'à une véritable entente. C'est pourquoi celle-ci, nous y insistons encore, ne peut s'opérer réellement que par en haut, et non par en bas, et ceci doit s'entendre en un double sens : il faut partir de ce qu'il y a de plus élevé, c'est-à-dire des principes, pour descendre graduellement aux divers ordres d'applications en observant toujours rigoureusement la dépendance hiérarchique qui existe entre eux ; et cette œuvre, par son caractère même, ne peut être que celle d'une élite, en donnant à ce mot son acception la plus vraie et la plus complète : c'est d'une élite intellectuelle que nous voulons parler exclusivement, et, à nos yeux, il ne saurait y en avoir d'autres, toutes les distinctions sociales extérieures étant sans aucune importance au point de vue où nous nous plaçons.

Ces quelques considérations peuvent faire comprendre déjà tout ce qui manque à la civilisation occidentale moderne, non seulement quant à la possibilité d'un rapprochement effectif avec les civilisations orientales, mais aussi en elle-même, pour être une civilisation normale et complète ; d'ailleurs, à la vérité, les deux questions sont si étroitement liées qu'elles n'en font qu'une, et nous venons précisément de donner les raisons pour lesquelles il en est ainsi Nous aurons maintenant à montrer plus complètement en quoi consiste l'esprit anti-traditionnel, qui est proprement l'esprit moderne, et quelles sont les conséquences qu'il porte en lui-même, conséquences que nous voyons se dérouler avec une logique impitoyable dans les événements actuels ; mais, avant d'en venir là, une dernière réflexion s'impose encore. Ce n'est point être « anti-occidental ", si l'on peut employer ce mot, que d'être résolument « antimoderne ", puisque c'est au contraire faire le seul effort qui soit valable pour essayer de sauver l'Occident de son propre désordre ; et, d'autre part, aucun Oriental fidèle à sa propre tradition ne peut envisager les choses autrement que nous ne le faisons nous-même ; il y a certainement beaucoup moins d'adversaires de l'Occident comme tel, ce qui d'ailleurs n'aurait guère de sens, que de l'Occident en tant qu'il s'identifie à la civilisation moderne. Quelques -uns parlent aujourd'hui de « défense de l'Occident ", ce qui est vraiment singulier, alors que, comme nous le verrons plus loin, c'est celui-ci qui menace de tout submerger et d'entraîner l'humanité entière dans le tourbillon de son activité désordonnée ; singulier, disons-nous, et tout à fait injustifié, s'ils entendent, comme il le semble bien malgré quelques restrictions, que cette défense doit être dirigée contre l'Orient, car le véritable Orient ne songe ni à attaquer ni à dominer qui que ce soit, il ne demande rien de plus que son indépendance et sa tranquillité, ce qui, on en conviendra, est assez légitime. La vérité, pourtant, est que l'Occident a en effet grand besoin d'être défendu, mais uniquement contre lui-même, contre ses propres tendances qui, si elles sont poussées jusqu'au bout, le mèneront inévitablement à la ruine et à la destruction ; c'est donc « réforme de l'Occident " qu'il faudrait dire, et cette réforme, si elle était ce qu'elle doit être, c'est-à-dire une vraie restauration traditionnelle, aurait pour conséquence toute naturelle un rapprochement avec l'Orient. Pour notre part, nous ne demandons qu'à contribuer à la fois, dans la mesure de nos moyens, à cette réforme et à ce rapprochement, si toutefois il en est temps encore, et si un tel résultat peut être obtenu avant la catastrophe finale vers laquelle la civilisation moderne marche à grands pas ; mais même s'il était déjà trop tard pour éviter cette catastrophe, le travail accompli dans cette intention ne serait pas inutile, car il servirait en tout cas à préparer, si lointainement que ce soit, cette « discrimination " dont nous parlions au début, et à assurer ainsi la conservation des éléments qui devront échapper au naufrage du monde actuel pour devenir les germes du monde futur.

CHAPITRE III

Connaissance et action

Nous considérerons maintenant, d'une façon plus particulière, un des principaux aspects de l'opposition qui existe actuellement entre l'esprit oriental et l'esprit occidental, et qui est, plus généralement, celle de l'esprit traditionnel et de l'esprit anti-traditionnel, ainsi que nous l'avons expliqué. À un certain point de vue, qui est d'ailleurs un des plus fondamentaux, cette opposition apparaît comme celle de la contemplation et de l'action, ou, pour parler plus exactement, comme portant sur les places respectives qu'il convient d'attribuer à l'un et à l'autre de ces deux termes. Ceux-ci peuvent, dans leur rapport, être envisagés de plusieurs manières différentes : sont-ils vraiment deux contraires comme on semble le penser le plus souvent, ou ne seraient-ils pas plutôt deux complémentaires, ou bien encore n'y aurait-il pas en réalité entre eux une relation, non de coordination, mais de subordination ? Tels sont les différents aspects de la question, et ces aspects se rapportent à autant de points de vue, d'ailleurs d'importance fort inégale, mais dont chacun peut se justifier à quelques égards et correspond à un certain ordre de réalité.

Tout d'abord, le point de vue le plus superficiel, le plus extérieur de tous, est celui qui consiste à opposer purement et simplement l'une à l'autre la contemplation et l'action, comme deux contraires au sens propre de ce mot. L'opposition, en effet, existe bien dans les apparences, cela est incontestable ; et pourtant, si elle était absolument irréductible, il y aurait une incompatibilité complète entre contemplation et action, qui ainsi ne pourraient jamais se trouver réunies. Or, en fait, il n'en est pas ainsi ; il n'est pas, du moins dans les cas normaux, de peuple, ni même peut-être d'individu, qui puisse être exclusivement contemplatif ou exclusivement actif. Ce qui est vrai, c'est qu'il y a là deux tendances dont l'une ou l'autre domine presque nécessairement, de telle sorte que le développement de l'une paraît s'effectuer au détriment de l'autre, pour la simple raison que l'activité ne entendue en son sens le plus général, ne peut pas s'exercer également et à la fois dans tous les domaines et dans toutes les directions. C'est là ce qui donne l'apparence d'une opposition ; mais il doit y avoir une conciliation possible entre ces contraires ou soi-disant tels ; et, du reste, on pourrait en dire autant pour tous les contraires, qui cessent d'être tels dès que, pour les envisager, on s'élève au-dessus d'un certain niveau, celui où leur opposition a toute sa réalité. Qui dit opposition ou contraste dit, par là même, désharmonie ou déséquilibre, c'est-à-dire quelque chose qui, nous l'avons déjà indiqué suffisamment, ne peut exister que sous un point de vue relatif, particulier et limité.

En considérant la contemplation et l'action comme complémentaires, on se place donc à un point de vue déjà plus profond et plus vrai que le précédent, parce que l'opposition s'y trouve conciliée et résolue, ses deux termes s'équilibrant en quelque sorte l'un par l'autre. Il s'agirait alors, semble-t-il, de deux éléments également nécessaires, qui se complètent et s'appuient mutuellement, et qui constituent la double activité, intérieure et extérieure, d'un seul et même être, que ce soit chaque homme pris en particulier ou l'humanité envisagée collectivement. Cette conception est assurément plus harmonieuse et plus satisfaisante que la première ; cependant, si l'on s'y tenait exclusivement, on serait tenté, en vertu de la corrélation ainsi établie, de placer sur le même plan la contemplation et l'action, de sorte qu'il n'y aurait qu'à s'efforcer de tenir autant que possible la balance égale entre elles, sans jamais poser la question d'une supériorité quelconque de l'une par rapport à l'autre ; et ce qui montre bien qu'un tel point de vue est encore insuffisant, c'est que cette question de supériorité se pose au contraire effectivement et s'est toujours posée, quel que soit le sens dans lequel on a voulu la résoudre.

La question qui importe à cet égard, du reste, n'est pas celle d'une prédominance de fait, qui est, somme toute, affaire de tempérament ou de race, mais celle de ce qu'on pourrait appeler une prédominance de droit ; et les deux choses ne sont liées que jusqu'à un certain point. Sans doute, la reconnaissance de la supériorité de l'une des deux tendances incitera à la développer le plus possible, de préférence à l'autre ; mais, dans l'application, il n'en est pas moins vrai que la place que tiendront la contemplation et l'action dans l'ensemble de la vie d'un homme ou d'un peuple résultera toujours en grande partie de la nature propre de celui-ci, car il faut en cela tenir compte des possibilités particulières de chacun. Il est manifeste que l'aptitude à la contemplation est plus répandue et plus généralement développée chez les Orientaux ; il n'est probablement aucun pays où elle le soit autant que dans l'Inde, et c'est pourquoi celle-ci peut être considérée comme représentant par excellence ce que nous avons appelé l'esprit oriental. Par contre, il est incontestable que, d'une façon générale, l'aptitude à l'action, ou la tendance qui résulte de cette aptitude, est celle qui prédomine chez les peuples occidentaux, en ce qui concerne la grande majorité des individus, et que, même si cette tendance n'était pas exagérée et déviée comme elle l'est présentement, elle subsisterait néanmoins, de sorte que la contemplation ne pourrait jamais être là que l'affaire d'une élite beaucoup plus restreinte ; c'est pourquoi on dit volontiers dans l'Inde que, si l'Occident revenait à un état normal et possédait une organisation sociale régulière, on y trouverait sans doute beaucoup de Kshatriyas, mais peu de *Brâhmanes* [8]. Cela suffirait cependant, si l'élite intellectuelle était constituée effectivement et si sa suprématie était reconnue, pour que tout rentre dans l'ordre, car la puissance spirituelle n'est nullement basée sur le nombre, dont la loi est celle de la matière ; et d'ailleurs, qu'on le remarque bien, dans l'antiquité et surtout au moyen âge, la disposition naturelle à l'action, existant chez les Occidentaux, ne les empêchait pourtant pas de reconnaître la supériorité de la contemplation, c'est-à-dire de l'intelligence pure ; pourquoi en est-il autrement à l'époque moderne ? Est-ce parce que les Occidentaux, en développant outre mesure leurs facultés d'action, en sont arrivés à perdre leur intellectualité, qu'ils ont, pour s'en consoler, inventé des théories qui mettent l'action au-dessus de tout et vont même, comme le « pragmatisme ", jusqu'à nier qu'il existe quoi que ce soit de valable en dehors d'elle, ou bien est-ce au contraire cette façon de voir qui, ayant prévalu tout d'abord, a amené l'atrophie intellectuelle que nous constatons aujourd'hui ? Dans les deux hypothèses, et aussi dans le cas assez probable où la vérité se trouverait dans une combinaison de l'une et de l'autre, les résultats sont exactement les mêmes ; au point où les choses en sont arrivées, il est grand temps de réagir, et c'est ici, redisons-le une fois de plus, que l'Orient peut venir au secours de l'Occident, si toutefois celui-ci le veut bien, non pour lui imposer des conceptions qui lui sont étrangères, comme certains semblent le craindre, mais bien pour l'aider à retrouver sa propre tradition dont il a perdu le sens.

On pourrait dire que l'antithèse de l'Orient et de l'Occident, dans l'état présent des choses, consiste en ce que l'Orient maintient la supériorité de la contemplation sur l'action, tandis que l'Occident moderne affirme au contraire la supériorité de l'action sur la contemplation. Ici, il ne s'agit plus, comme lorsqu'on parlait simplement d'opposition ou de complémentarisme, donc d'un rapport de coordination entre les deux termes en présence, il ne s'agit plus, disons-nous, de points de vue dont chacun peut avoir sa raison d'être et être accepté tout au moins comme l'expression d'une certaine vérité relative ; un rapport de subordination étant irréversible par sa nature même, les deux conceptions sont réellement contradictoires, donc exclusives l'une de l'autre, de sorte que forcément, dès que l'on admet qu'il y a effectivement subordination, l'une est vraie et l'autre fausse. Avant d'aller au fond même de la question, remarquons encore ceci : alors que l'esprit qui s'est maintenu en Orient est vraiment de tous les temps, ainsi que nous le disions plus haut, l'autre esprit n'est apparu qu'à une époque fort récente, ce qui, en dehors de toute autre considération, peut déjà donner à penser qu'il est quelque chose d'anormal. Cette impression est confirmée par l'exagération même où tombe, en suivant la tendance qui lui est propre, l'esprit occidental moderne, qui, non content de proclamer en toute occasion la supériorité de l'action, en est arrivé à en faire sa préoccupation exclusive et à dénier toute valeur à la contemplation, dont il ignore ou méconnaît d'ailleurs entièrement la véritable nature. Au contraire, les doctrines orientales, tout en affirmant aussi nettement que possible la supériorité et même la transcendance de la contemplation par rapport à l'action, n'en accordent pas moins à celle-ci sa place légitime et reconnaissent volontiers toute son importance dans l'ordre des contingences humaines| [9] | .

Les doctrines orientales, et aussi les anciennes doctrines occidentales, sont unanimes à affirmer que la contemplation est supérieure à l'action, comme l'immuable est supérieur au changement| [10] | . L'action, n'étant qu'une modification transitoire et momentanée de l'être, ne saurait avoir en elle-même son principe et sa raison suffisante ; si elle ne se rattache à un principe qui est au-delà de son domaine contingent, elle n'est qu'une pure illusion ; et ce principe dont elle tire toute la réalité dont elle est susceptible, et son existence et sa possibilité même, ne peut se trouver que dans la contemplation ou, si l'on préfère, dans la connaissance, car, au fond, ces deux termes sont synonymes ou tout au moins coïncident, la connaissance elle-même et l'opération par laquelle on l'atteint ne pouvant en aucune façon être séparées| [11] | . De même, le changement, dans son acception la plus générale, est inintelligible et contradictoire, c'est-à-dire impossible, sans un principe dont il procède et qui, par là même qu'il est son principe, ne peut lui être soumis, donc est forcément immuable ; et c'est pourquoi, dans l'antiquité occidentale, Aristote avait affirmé la nécessité du « moteur immobile " de toutes choses. Ce rôle de « moteur immobile ", la connaissance le joue précisément par rapport à l'action ; il est évident que celle-ci appartient tout entière au monde du changement, du « devenir " ; la connaissance seule permet de sortir de ce monde et des limitations qui lui sont inhérentes, et, lorsqu'elle atteint l'immuable, ce qui est le cas de la connaissance principielle ou métaphysique qui est la connaissance par excellence, elle possède elle-même l'immutabilité, car toute connaissance vraie est essentiellement identification avec son objet. C'est là justement ce qu'ignorent les Occidentaux modernes, qui, en fait de connaissance, n'envisagent plus qu'une connaissance rationnelle et discursive, donc indirecte et imparfaite, ce qu'on pourrait appeler une connaissance par reflet, et qui même, de plus en plus, n'apprécient cette connaissance inférieure que dans la mesure où elle peut servir immédiatement à des fins pratiques ; engagés dans l'action au point de nier tout ce qui la dépasse, ils ne s'aperçoivent pas que cette action même dégénère ainsi, par défaut de principe, en une agitation aussi vaine que stérile.

C'est bien là, en effet, le caractère le plus visible de l'époque moderne:besoin d'agitation incessante, de changement continuel, de vitesse sans cesse croissante comme celle avec laquelle se déroulent les événements eux-mêmes. C'est la dispersion dans la multiplicité, et dans une multiplicité qui n'est plus unifiée par la conscience d'aucun principe supérieur; c'est, dans la vie courante comme dans les conceptions scientifiques, l'analyse poussée à l'extrême, le morcellement indéfini, une véritable désagrégation de l'activité humaine dans tous les ordres où elle peut encore s'exercer ; et de là l'inaptitude à la synthèse, l'impossibilité de toute concentration, si frappante aux yeux des Orientaux. Ce sont les conséquences naturelles et inévitables d'une matérialisation de plus en plus accentuée, car la matière est essentiellement multiplicité et division, et c'est pourquoi, disons-le en passant, tout ce qui en procède ne peut engendrer que des luttes et des conflits de toutes sortes, entre les peuples comme entre les individus. Plus on s'enfonce dans la matière, plus les éléments de division et d'opposition s'accentuent et s'amplifient ; inversement, plus on s'élève vers la spiritualité pure, plus on s'approche de l'unité, qui ne peut être pleinement réalisée que par la conscience des principes universels.

Ce qui est le plus étrange, c'est que le mouvement et le changement sont véritablement recherchés pour eux-mêmes, et non en vue d'un but quelconque auquel ils peuvent conduire ; et ce fait résulte directement de l'absorption de toutes les facultés humaines par l'action extérieure, dont nous signalions tout à l'heure le caractère momentané. C'est encore la dispersion envisagée sous un autre aspect, et à un stade plus accentué : c'est, pourrait-on dire, comme une tendance à l'instantanéité, ayant pour limite un état de pur déséquilibre, qui, s'il pouvait être atteint, coïnciderait avec la dissolution finale de ce monde ; et c'est encore un des signes les plus nets de la dernière période du *Kali-Yuga* .

Sous ce rapport aussi, la même chose se produit dans l'ordre scientifique : c'est la recherche pour la recherche, beaucoup plus encore que pour les résultats partiels et fragmentaires auxquels elle aboutit ; c'est la succession de plus en plus rapide de théories et d'hypothèses sans fondement, qui, à peine édifiées, s'écroulent pour être remplacées par d'autres qui dureront moins encore, véritable chaos au milieu duquel il serait vain de chercher quelques éléments définitivement acquis, si ce n'est une monstrueuse accumulation de faits et de détails qui ne peuvent rien prouver ni rien signifier. Nous parlons ici, bien entendu, de ce qui concerne le point de vue spéculatif, dans la mesure où il subsiste encore ; pour ce qui est des applications pratiques, il y a au contraire des résultats incontestables, et cela se comprend sans peine, puisque ces applications se rapportent immédiatement au domaine matériel, et que ce domaine est précisément le seul où l'homme moderne puisse se vanter d'une réelle supériorité. Il faut donc s'attendre à ce que les découvertes ou plutôt les inventions mécaniques et industrielles aillent encore en se développant et en se multipliant, de plus en plus vite elles aussi, jusqu'à la fin de l'âge actuel ; et qui sait si, avec les dangers de destruction qu'elles portent en elles-mêmes, elles ne seront pas un des principaux agents de l'ultime catastrophe, si les choses en viennent à un tel point que celle-ci ne puisse être évitée ?

En tout cas, on éprouve très généralement l'impression qu'il n'y a plus, dans l'état actuel, aucune stabilité ; mais, tandis que quelques-uns sentent le danger et essaient de réagir, la plupart de nos contemporains se complaisent dans ce désordre où ils voient comme une image extériorisée de leur propre mentalité. Il y a, en effet, une exacte correspondance entre un monde où tout semble être en pur « devenir ", où il n'y a plus aucune place pour l'immuable et le permanent, et l'état d'esprit des hommes qui font consister toute réalité dans ce même « devenir ", ce qui implique la négation de la véritable connaissance, aussi bien que de l'objet même de cette connaissance, nous voulons dire des principes transcendants et universels. On peut même aller plus loin : c'est la négation de toute connaissance réelle, dans quelque ordre que ce soit, même dans le relatif, puisque, comme nous l'indiquions plus haut, le relatif est inintelligible et impossible sans l'absolu, le contingent sans le nécessaire, le changement sans l'immuable, la multiplicité sans l'unité ; le « relativisme " enferme une contradiction en lui-même, et, quand on veut tout réduire au changement, on devrait en arriver logiquement à nier l'existence même du changement ; au fond, les arguments fameux de Zénon d'Élée n'avaient pas d'autre sens. Il faut bien dire, en effet, que les théories du genre de celles dont il s'agit ne sont pas exclusivement propres aux temps modernes, car il ne faut rien exagérer ; on peut en trouver quelques exemples dans la philosophie grecque, et le cas d'Héraclite, avec son « écoulement universel ", est le plus connu à cet égard ; c'est même ce qui amena les Éléates à combattre ces conceptions, aussi bien que celles des atomistes, par une sorte de réduction à l'absurde. Dans l'Inde même, il s'est rencontré quelque chose de comparable, mais, bien entendu, à un autre point de vue que celui de la philosophie ; certaines écoles bouddhiques, en effet, présentèrent aussi le même caractère, car une de leurs thèses principales était celle de la « dissolubilité de toutes choses "[12]. Seulement, ces théories n'étaient alors que des exceptions, et de telles révoltes contre l'esprit traditionnel, qui ont pu se produire pendant tout le cours du Kali-Yuga, n'avaient en somme qu'une portée assez limitée ; ce qui est nouveau, c'est la généralisation de semblables conceptions, telle que nous la constatons dans l'Occident contemporain.

Il faut noter aussi que les « philosophies du devenir ", sous l'influence de l'idée très récente de « progrès ", ont pris chez les modernes une forme spéciale, que les théories du même genre n'avaient jamais eue chez les anciens : cette forme, susceptible d'ailleurs de variétés multiples, est ce qu'on peut, d'une façon générale, désigner par le nom d'« évolutionnisme ". Nous ne reviendrons pas sur ce que nous avons déjà dit ailleurs à ce sujet ; nous rappellerons seulement que toute conception qui n'admet rien d'autre que le « devenir " est nécessairement, par là même, une conception « naturaliste ", impliquant comme telle une négation formelle de ce qui est au-delà de la nature, c'est-à-dire du domaine métaphysique, qui est le domaine des principes immuables et éternels. Nous signalerons aussi, à propos de ces théories antimétaphysiques, que l'idée bergsonienne de la « durée pure " correspond exactement à cette dispersion dans l'instantané dont nous parlions plus haut ; la prétendue intuition qui se modèle sur le flux incessant des choses sensibles, loin de pouvoir être le moyen d'une véritable connaissance, représente en réalité la dissolution de toute connaissance possible.

Ceci nous amène à redire une fois de plus, car c'est là un point tout à fait essentiel et sur lequel il est indispensable de ne laisser subsister aucune équivoque, que l'intuition intellectuelle, par laquelle seule s'obtient la vraie connaissance métaphysique, n'a absolument rien de commun avec cette autre intuition dont parlent certains philosophes contemporains : celle-ci est de l'ordre sensible, elle est proprement infra-rationnelle, tandis que l'autre, qui est l'intelligence pure, est au contraire supra-rationnelle. Mais les modernes, qui ne connaissent rien de supérieur à la raison dans l'ordre de l'intelligence, ne conçoivent même pas ce que peut être l'intuition intellectuelle, alors que les doctrines de l'antiquité et du moyen âge, même quand elles n'avaient qu'un caractère simplement philosophique et, par conséquent, ne pouvaient pas faire effectivement appel à cette intuition, n'en reconnaissaient pas moins expressément son existence et sa suprématie sur toutes les autres facultés. C'est pourquoi il n'y eut pas de « rationalisme " avant Descartes ; c'est là encore une chose spécifiquement moderne, et qui est d'ailleurs étroitement solidaire de l'« individualisme ", puisqu'elle n'est rien d'autre que la négation de toute faculté d'ordre supraindividuel. Tant que les Occidentaux s'obstineront à méconnaître ou à nier l'intuition intellectuelle, ils ne pourront avoir aucune tradition au vrai sens de ce mot, et ils ne pourront non plus s'entendre avec les authentiques représentants des civilisations orientales, dans lesquelles tout est comme suspendu à cette intuition, immuable et infaillible en soi, et unique point de départ de tout développement conforme aux normes traditionnelles.

CHAPITRE IV

Science sacrée et science profane

Nous venons de dire que, dans les civilisations qui possèdent le caractère traditionnel, l'intuition intellectuelle est au principe de tout ; en d'autres termes, c'est la pure doctrine métaphysique qui constitue l'essentiel, et tout le reste s'y rattache à titre de conséquences ou d'applications aux divers ordres de réalités contingentes. Il en est ainsi notamment pour les institutions sociales ; et, d'autre part, la même chose est vraie aussi en ce qui concerne les sciences, c'est-à-dire les connaissances se rapportant au domaine du relatif, et qui, dans de telles civilisations, ne peuvent être envisagées que comme de simples dépendances et en quelque sorte comme des prolongements ou des reflets de la connaissance absolue et principielle. Ainsi, la véritable hiérarchie est partout et toujours observée : le relatif n'est point tenu pour inexistant, ce qui serait absurde ; il est pris en considération dans la mesure où il mérite de l'être, maïs il est mis à sa juste place, qui ne peut être qu'une place secondaire et subordonnée ; et, dans ce relatif même, il y a des degrés fort divers, selon qu'il s'agit de choses plus ou moins éloignées du domaine des principes.

Il y a donc, en ce qui concerne les sciences, deux conceptions radicalement différentes et même incompatibles entre elles, que nous pouvons appeler la conception traditionnelle et la conception moderne ; nous avons eu souvent l'occasion de faire allusion à ces « sciences traditionnelles " qui existèrent dans l'antiquité et au moyen âge, qui existent toujours en Orient, mais dont l'idée même est totalement étrangère aux Occidentaux de nos jours. Il faut ajouter que chaque civilisation a eu des « sciences traditionnelles " d'un type particulier, lui appartenant en propre, car, ici, nous ne sommes plus dans l'ordre des principes universels, auquel se rapporte seule la métaphysique pure, mais dans l'ordre des adaptations, où, par là même qu'il s'agit d'un domaine contingent, il doit être tenu compte de l'ensemble des conditions, mentales et autres, qui sont celles de tel peuple déterminé, et nous dirons même de telle période de l'existence de ce peuple, puisque nous avons vu plus haut qu'il y a des époques où des « réadaptations " deviennent nécessaires. Ces « réadaptations " ne sont que des changements de forme, qui ne touchent en rien à l'essence même de la tradition ; pour la doctrine métaphysique, l'expression seule peut être modifiée, d'une façon qui est assez comparable à la traduction d'une langue dans une autre ; quelles que soient les formes dont elle s'enveloppe pour s'exprimer dans la mesure où cela est possible, il n'y a absolument qu'une métaphysique, comme il n'y a qu'une vérité. Mais, quand on passe aux applications, le cas est naturellement différent : avec les sciences, aussi bien qu'avec les institutions sociales, nous sommes dans le monde de la forme et de la multiplicité ; c'est pourquoi l'on peut dire qued'autres formes constituent véritablement d'autres sciences, même si elles ont, au moins partiellement, le même objet. Les logiciens ont l'habitude de regarder une science comme entièrement définie par son objet, ce qui est inexact par excès de simplification ; le point de vue sous lequel cet objet est envisagé doit aussi entrer dans la définition de la science. Il y a une multitude indéfinie de sciences possibles ; il peut arriver que plusieurs sciences étudient les mêmes choses, mais sous des aspects tellement différents, donc par des méthodes et avec des intentions tellement différentes aussi, qu'elles n'en sont pas moins des sciences réellement distinctes. Ce cas peut, en particulier, se présenter pour les « sciences traditionnelles " de civilisations diverses, qui, bien que comparables entre elles, ne sont pourtant pas toujours assimilables les unes aux autres, et, souvent, ne pourraient qu'abusivement être désignées par les mêmes noms. La différence est encore beaucoup plus considérable, cela va de soi, si, au lieu d'établir une comparaison entre des « sciences traditionnelles ", qui du moins ont toutes le même caractère fondamental, on veut comparer ces sciences, d'une façon générale, aux sciences telles que les modernes les conçoivent ; à première vue, il peut sembler parfois que l'objet soit le même de part et d'autre, et pourtant la connaissance que les deux sortes de sciences donnent respectivement de cet objet est tellement autre, qu'on hésite, après plus ample examen, à affirmer encore l'identité, même sous un certain rapport seulement.

Quelques exemples ne seront pas inutiles pour faire mieux comprendre ce dont il s'agit ; et, tout d'abord, nous prendrons un exemple d'une portée très étendue, celui de la « physique " telle qu'elle est comprise par les anciens et par les modernes ; il n'est d'ailleurs aucunement besoin, dans ce cas, de sortir du monde occidental pour voir la différence profonde qui sépare les deux conceptions. Le terme de « physique ", dans son acception première et étymologique, ne signifie pas autre chose que « science de la nature ", sans aucune restriction ; c'est donc la science qui concerne les lois les plus générales du « devenir ", car « nature " et « devenir " sont au fond synonymes, et c'est bien ainsi que l'entendaient les Grecs, et notamment Aristote ; s'il existe des sciences plus particulières se rapportant au même ordre, elles ne sont alors que des « spécifications " de la physique pour tel ou tel domaine plus étroitement déterminé. Il y a donc déjà quelque chose d'assez significatif dans la déviation que les modernes ont fait subir à ce mot de « physique " en l'employant pour désigner exclusivement une science particulière parmi d'autres sciences qui, toutes, sont également des sciences de la nature ; ce fait se rattache à la fragmentation que nous avons déjà signalée comme un des caractères de la science moderne, à cette « spécialisation " engendrée par l'esprit d'analyse, et poussée au point de rendre véritablement inconcevable, pour ceux qui en subissent l'influence, une science portant sur la nature considérée dans son ensemble. On n'a pas été sans remarquer assez souvent quelques-uns des inconvénients de cette « spécialisation ", et surtout l'étroitesse de vues qui en est une conséquence inévitable ; mais il semble que ceux mêmes qui s'en rendaient compte le plus nettement se soient cependant résignés à la regarder comme un mal nécessaire, en raison de l'accumulation des connaissances de détail que nul homme ne saurait embrasser d'un seul coup d'œil ; ils n'ont pas compris, d'une part, que ces connaissances de détail sont insignifiantes en elles-mêmes et ne valent pas qu'on leur sacrifie une connaissance synthétique qui, même en se bornant encore au relatif, est d'un ordre beaucoup plus élevé, et, d'autre part, que l'impossibilité où l'on se trouve d'unifier leur multiplicité vient seulement de ce qu'on s'est interdit de les rattacher à un principe supérieur, de ce qu'on s'est obstiné à procéder par en bas et de l'extérieur, alors qu'il aurait fallu faire tout le contraire pour avoir une science possédant une réelle valeur spéculative.

Si l'on veut comparer la physique ancienne, non pas à ce que les modernes désignent par le même mot, mais à l'ensemble des sciences de la nature telles qu'elles sont actuellement constituées, car c'est là ce qui devrait y correspondre en réalité, il y a donc lieu de noter, comme première différence, la division en multiples « spécialités " qui sont pour ainsi dire étrangères les unes aux autres. Pourtant, ce n'est là que le côté le plus extérieur de la question, et il ne faudrait pas penser que, en réunissant toutes ces sciences spéciales, on obtiendrait un équivalent de l'ancienne physique. La vérité est que le point de vue est tout autre, et c'est ici que nous voyons apparaître la différence essentielle entre les deux conceptions dont nous parlions tout à l'heure : la conception traditionnelle, disions-nous, rattache toutes les sciences aux principes comme autant d'applications particulières, et c'est ce rattachement que n'admet pas la conception moderne. Pour Aristote, la physique n'était que « seconde " par rapport à la métaphysique, c'est-à-dire qu'elle en était dépendante, qu'elle n'était au fond qu'une application, au domaine de la nature, des principes supérieurs à la nature et qui se reflètent dans ses lois ; et l'on peut en dire autant de la « cosmologie " du moyen âge. La conception moderne, au contraire, prétend rendre les sciences indépendantes, en niant tout ce qui les dépasse, ou tout au moins en le déclarant « inconnaissable " et en refusant d'en tenir compte, ce qui revient encore à le nier pratiquement ; cette négation existait en fait bien longtemps avant qu'on ait songé à l'ériger en théorie systématique sous des noms tels que ceux de « positivisme " et d' « agnosticisme ", car on peut dire qu'elle est véritablement au point de départ de toute la science moderne. Seulement, ce n'est guère qu'au XIXE® siècle qu'on a vu des hommes se faire gloire de leur ignorance, car se proclamer « agnostique " n'est point autre chose que cela, et prétendre interdire à tous la connaissance de ce qu'ils ignoraient eux-mêmes ; et cela marquait une étape de plus dans la déchéance intellectuelle de l'Occident.

En voulant séparer radicalement les sciences de tout principe supérieur sous prétexte d'assurer leur indépendance, la conception moderne leur enlève toute signification profonde et même tout intérêt véritable au point de vue de la connaissance, et elle ne peut aboutir qu'à une impasse, puisqu'elle les enferme dans un domaine irrémédiablement borné[13]. Le développement qui s'effectue à l'intérieur de ce domaine n'est d'ailleurs pas un approfondissement comme certains se l'imaginent ; il demeure au contraire tout superficiel, et ne consiste qu'en cette dispersion dans le détail que nous avons déjà signalée, en une analyse aussi stérile que pénible, et qui peut se poursuivre indéfiniment sans qu'on avance d'un seul pas dans la voie de la véritable connaissance. Aussi n'est-ce point pour elle-même, il faut bien le dire, que les Occidentaux, en général, cultivent la science ainsi entendue : ce qu'ils ont surtout en vue, ce n'est point une connaissance, même inférieure ; ce sont des applications pratiques, et, pour se convaincre qu'il en est bien ainsi, il n'y a qu'à voir avec quelle facilité la plupart de nos contemporains confondent science et industrie, et combien nombreux sont ceux pour qui l'ingénieur représente le type même du savant ; mais ceci se rapporte à une autre question, que nous aurons à traiter plus complètement dans la suite.

La science, en se constituant à la façon moderne, n'a pas perdu seulement en profondeur, mais aussi, pourrait-on dire, en solidité, car le rattachement aux principes la faisait participer de l'immutabilité de ceux-ci dans toute la mesure où son objet même le permettait, tandis que, enfermée exclusivement dans le monde du changement, elle n'y trouve plus rien de stable, aucun point fixe où elle puisse s'appuyer ; ne partant plus d'aucune certitude absolue, elle en est réduite à des probabilités et à des approximations, ou à des constructions purement hypothétiques qui ne sont que l'œuvre de la fantaisie individuelle. Aussi, même s'il arrive accidentellement que la science moderne aboutisse, par une voie très détournée, à certains résultats qui semblent s'accorder avec quelques données des anciennes « sciences traditionnelles ", on aurait le plus grand tort d'y voir une confirmation dont ces données n'ont nul besoin ; et ce serait perdre son temps que de vouloir concilier des points de vue totalement différents, ou établir une concordance avec des théories hypothétiques qui, peut-être, se trouveront entièrement discréditées dans peu d'années[14]. Les choses dont il s'agit ne peuvent en effet, pour la science actuelle, appartenir qu'au domaine des hypothèses, alors que, pour les « sciences traditionnelles ", elles étaient bien autre chose et se présentaient comme des conséquences indubitables de vérités connues intuitivement, donc infailliblement, dans l'ordre métaphysique[15]. C'est d'ailleurs une singulière illusion, propre à l' « expérimentalisme " moderne, que de croire qu'une théorie peut être prouvée par les faits, alors que, en réalité, les mêmes faits peuvent toujours s'expliquer également par plusieurs théories différentes, et que certains des promoteurs de la méthode expérimentale, comme Claude Bernard, ont reconnu eux-mêmes qu'ils ne pouvaient les interpréter qu'à l'aide d' « idées préconçues ", sans lesquelles ces faits demeureraient des « faits bruts ", dépourvus de toute signification et de toute valeur scientifique.

Puisque nous en sommes venu à parler d' « expérimentalisme ", nous devons en profiter pour répondre à une question qui peut se poser à ce sujet, et qui est celle-ci : pourquoi les sciences proprement expérimentales ont-elles reçu, dans la civilisation moderne, un développement qu'elles n'ont jamais eu dans d'autres civilisations ? C'est que ces sciences sont celles du monde sensible, celles de la matière, et c'est aussi qu'elles sont celles qui donnent lieu aux applications pratiques les plus immédiates ; leur développement, s'accompagnant de ce que nous appellerions volontiers la « superstition du fait ", correspond donc bien aux tendances spécifiquement modernes, alors que, par contre, les époques précédentes n'avaient pu y trouver des motifs d'intérêt suffisants pour s'y attacher ainsi au point de négliger les connaissances d'ordre supérieur. Il faut bien comprendre qu'il ne s'agit point, dans notre pensée, de déclarer illégitime en elle-même une connaissance quelconque, même inférieure ; ce qui est illégitime, c'est seulement l'abus qui se produit lorsque des choses de ce genre absorbent toute l'activité humaine, ainsi que nous le voyons actuellement. On pourrait même concevoir que, dans une civilisation normale, des sciences constituées par une méthode expérimentale soient, aussi bien que d'autres, rattachées aux principes et pourvues ainsi d'une réelle valeur spéculative ; en fait, si ce cas ne semble pas s'être présenté, c'est que l'attention s'est portée de préférence d'un autre côté, et aussi que, alors même qu'il s'agissait d'étudier le monde sensible dans la mesure où il pouvait paraître intéressant de le faire, les données traditionnelles permettaient d'entreprendre plus favorablement cette étude par d'autres méthodes et à un autre point de vue.

Nous disions plus haut qu'un des caractères de l'époque actuelle, c'est l'exploitation de tout ce qui avait été négligé jusque là comme n'ayant qu'une importance trop secondaire pour que les hommes y consacrent leur activité, et qui devait cependant être développé aussi avant la fin de ce cycle, puisque ces choses avaient leur place parmi les possibilités qui y étaient appelées à la manifestation ; ce cas est précisément, en particulier, celui des sciences expérimentales qui ont vu le jour en ces derniers siècles. Il est même certaines sciences modernes qui représentent véritablement, au sens le plus littéral, des « résidus " de sciences anciennes, aujourd'hui incomprises : c'est la partie la plus inférieure de ces dernières qui, s'isolant et se détachant de tout le reste dans une période de décadence, s'est grossièrement matérialisée, puis a servi de point de départ à un développement tout différent, dans un sens conforme aux tendances modernes, de façon à aboutir à la constitution de sciences qui n'ont réellement plus rien de commun avec celles qui les ont précédées. C'est ainsi que, par exemple, il est faux de dire, comme on le fait habituellement, que l'astrologie et l'alchimie sont devenues respectivement l'astronomie et la chimie modernes, bien qu'il y ait dans cette opinion une certaine part de vérité au point de vue simplement historique, part de vérité qui est exactement celle que nous venons d'indiquer : si les dernières de ces sciences procèdent en effet des premières en un certain sens, ce n'est point par « évolution " ou « progrès " comme on le prétend, mais au contraire par dégénérescence ; et ceci appelle encore quelques explications.

Il faut remarquer, tout d'abord, que l'attribution de significations distinctes aux termes d' « astrologie " et d' « astronomie " est relativement récente ; chez les Grecs, ces deux mots étaient employés indifféremment pour désigner tout l'ensemble de ce à quoi l'un et l'autre s'appliquent maintenant. Il semble donc, à première vue, qu'on ait encore affaire dans ce cas à une de ces divisions par « spécialisation " qui se sont établies entre ce qui n'était primitivement que des parties d'une science unique ; mais ce qu'il y a ici de particulier, c'est que, tandis qu'une de ces parties, celle qui représentait le côté le plus matériel de la science en question, prenait un développement indépendant, l'autre partie, par contre, disparaissait entièrement. Cela est tellement vrai qu'on ne sait plus aujourd'hui ce que pouvait être l'astrologie ancienne, et que ceux mêmes qui ont essayé de la reconstituer ne sont arrivés qu'à de véritables contrefaçons, soit en voulant en faire l'équivalent d'une science expérimentale moderne, avec intervention des statistiques et du calcul des probabilités, ce qui procède d'un point de vue qui ne pouvait en aucune façon être celui de l'antiquité ou du moyen âge, soit en s'appliquant exclusivement à restaurer un « art divinatoire " qui ne fut guère qu'une déviation de l'astrologie en voie de disparition, et où l'on pourrait voir tout au plus une application très inférieure et assez peu digne de considération, ainsi qu'il est encore possible de le constater dans les civilisations orientales.

Le cas de la chimie est peut-être encore plus net et plus caractéristique ; et, pour ce qui est de l'ignorance des modernes à l'égard de l'alchimie, elle est au moins aussi grande qu'en ce qui concerne l'astrologie. La véritable alchimie était essentiellement une science d'ordre cosmologique, et, en même temps, elle était applicable aussi à l'ordre humain, en vertu de l'analogie du « macrocosme " et du « microcosme " ; en outre, elle était constituée expressément en vue de permettre une transposition dans le domaine purement spirituel, qui conférait à ses enseignements une valeur symbolique et une signification supérieure, et qui en faisait un des types les plus complets des « sciences traditionnelles ". Ce qui a donné naissance à la chimie moderne, ce n'est point cette alchimie avec laquelle elle n'a en somme aucun rapport ; c'en est une déformation, une déviation au sens le plus rigoureux du mot, déviation à laquelle donna lieu, peut-être dès le moyen âge, l'incompréhension de certains, qui, incapables de pénétrer le vrai sens des symboles, prirent tout à la lettre et, croyant qu'il ne s'agissait en tout cela que d'opérations matérielles, se lancèrent dans une expérimentation plus ou moins désordonnée. Ce sont ceux-là, que les alchimistes qualifiaient ironiquement de « souffleurs " et de « brûleurs de charbon ", qui furent les véritables précurseurs des chimistes actuels ; et c'est ainsi que la science moderne s'édifie à l'aide des débris des sciences anciennes, avec les matériaux rejetés par celles-ci et abandonnés aux ignorants et aux « profanes ". Ajoutons encore que les soi-disant rénovateurs de l'alchimie, comme il s'en trouve quelques-uns parmi nos contemporains, ne font de leur côté que prolonger cette même déviation, et que leurs recherches sont tout aussi éloignées de l'alchimie traditionnelle que celles des astrologues auxquels nous faisions allusion tout à l'heure le sont de l'ancienne astrologie ; et c'est pourquoi nous avons le droit d'affirmer que les « sciences traditionnelles " de l'Occident sont vraiment perdues pour les modernes.

Nous nous bornerons à ces quelques exemples ; il serait cependant facile d'en donner encore d'autres, pris dans des ordres quelque peu différents, et montrant partout la même dégénérescence. On pourrait ainsi faire voir que la psychologie telle qu'on l'entend aujourd'hui, c'est-à-dire l'étude des phénomènes mentaux comme tels, est un produit naturel de l'empirisme anglo-saxon et de l'esprit du XVIIIE siècle, et que le point de vue auquel elle correspond était si négligeable pour les anciens que, s'il leur arrivait parfois de l'envisager incidemment, ils n'auraient en tout cas jamais songé à en faire une science spéciale ; tout ce qu'il peut y avoir de valable là-dedans se trouvait, pour eux, transformé et assimilé dans des points de vue supérieurs. Dans un tout autre domaine, on pourrait montrer aussi que les mathématiques modernes ne représentent pour ainsi dire que l'écorce de la mathématique pythagoricienne, son côté purement « exotérique " ; l'idée ancienne des nombres est même devenue absolument inintelligible aux modernes, parce que, là aussi, la partie supérieure de la science, celle qui lui donnait, avec le caractère traditionnel, une valeur proprement intellectuelle, a totalement disparu ; et ce cas est assez comparable à celui de l'astrologie. Mais nous ne pouvons passer en revue toutes les sciences les unes après les autres, ce qui serait plutôt fastidieux ; nous pensons en avoir dit assez pour faire comprendre la nature du changement auquel les sciences modernes doivent leur origine, et qui est tout le contraire d'un « progrès ", qui est une véritable régression de l'intelligence ; et nous allons maintenant revenir à des considérations d'ordre général sur le rôle respectif des « sciences traditionnelles " et des sciences modernes, sur la différence profonde qui existe entre la véritable destination des unes et des autres.

Une science quelconque, suivant la conception traditionnelle, a moins son intérêt en elle-même qu'en ce qu'elle est comme un prolongement ou une branche secondaire de la doctrine, dont la partie essentielle est constituée, comme nous l'avons dit, par la métaphysique pure[16]. En effet, si toute science est assurément légitime, pourvu qu'elle n'occupe que la place qui lui convient réellement en raison de sa nature propre, il est cependant facile de comprendre que, pour quiconque possède une connaissance d'ordre supérieur, les connaissances inférieures perdent forcément beaucoup de leur intérêt, et que même elles n'en gardent qu'en fonction, si l'on peut dire, de la connaissance principielle, c'est-à-dire dans la mesure où, d'une part, elles reflètent celle-ci dans tel ou tel domaine contingent, et où, d'autre part, elles sont susceptibles de conduire vers cette même connaissance principielle, qui, dans le cas que nous envisageons, ne peut jamais être perdue de vue ni sacrifiée à des considérations plus ou moins accidentelles. Ce sont là les deux rôles complémentaires qui appartiennent en propre aux « sciences traditionnelles " : d'un côté, comme applications de la doctrine, elles permettent de relier entre eux tous les ordres de réalité, de les intégrer dans l'unité de la synthèse totale ; de l'autre, elles sont, pour certains tout au moins, et en conformité avec les aptitudes de ceux-ci, une préparation à une connaissance plus haute, une sorte d'acheminement vers cette dernière, et, dans leur répartition hiérarchique selon les degrés d'existence auxquels elles se rapportent, elles constituent alors comme autant d'échelons à l'aide desquels il est possible de s'élever jusqu'à l'intellectualité pure[17]. Il n'est que trop évident que les sciences modernes ne peuvent, à aucun degré, remplir ni l'un ni l'autre de ces deux rôles ; c'est pourquoi elles ne sont et ne peuvent être que de la « science profane ", tandis que les « sciences traditionnelles ", par leur rattachement aux principes métaphysiques, sont incorporées d'une façon effective à la « science sacrée ".

La coexistence des deux rôles que nous venons d'indiquer n'implique d'ailleurs ni contradiction ni cercle vicieux, contrairement à ce que pourraient penser ceux qui n'envisagent les choses que superficiellement ; et c'est là encore un point sur lequel il nous faut insister quelque peu. On pourrait dire qu'il y a là deux points de vue, l'un descendant et l'autre ascendant, dont le premier correspond à un développement de la connaissance partant des principes pour aller à des applications de plus en plus éloignées de ceux-ci, et le second à une acquisition graduelle de cette même connaissance en procédant de l'inférieur au supérieur, ou encore, si l'on préfère, de l'extérieur à l'intérieur. La question n'est donc pas de savoir si les sciences doivent être constituées de bas en haut ou de haut en bas, s'il faut, pour qu'elles soient possibles, prendre comme point de départ la connaissance des principes ou, au contraire, celle du monde sensible ; cette question, qui peut se poser au point de vue de la philosophie « profane ", et qui semble avoir été posée en fait dans ce domaine, plus ou moins explicitement, par l'antiquité grecque, cette question, disons-nous, n'existe pas pour la « science sacrée ", qui ne peut partir que des principes universels ; et ce qui lui enlève ici toute raison d'être, c'est le rôle premier de l'intuition intellectuelle, qui est la plus immédiate de toutes les connaissances, aussi bien que la plus élevée, et qui est absolument indépendante de l'exercice de toute faculté d'ordre sensible ou même rationnel. Les sciences ne peuvent être constituées valablement, en tant que « sciences sacrées ", que par ceux qui, avant tout, possèdent pleinement la connaissance principielle, et qui, par là, sont seuls qualifiés pour réaliser, conformément à l'orthodoxie traditionnelle la plus rigoureuse, toutes les adaptations requises par les circonstances de temps et de lieu. Seulement, lorsque les sciences sont ainsi constituées, leur enseignement peut suivre un ordre inverse : elles sont en quelque sorte comme des « illustrations " de la doctrine pure, qui peuvent la rendre plus aisément accessible à certains esprits ; et, par là même qu'elles concernent le monde de la multiplicité, la diversité presque indéfinie de leurs points de vue peut convenir à la non moins grande diversité des aptitudes individuelles de ces esprits, dont l'horizon est encore borné à ce même monde de la multiplicité ; les voies possibles pour atteindre la connaissance peuvent être extrêmement différentes au plus bas degré, et elles vont ensuite en s'unifiant de plus en plus à mesure qu'on parvient à des stades plus élevés. Ce n'est pas qu'aucun de ces degrés préparatoires soit d'une nécessité absolue, puisque ce ne sont là que des moyens contingents et sans commune mesure avec le but à atteindre ; il se peut même que certains, parmi ceux en qui domine la tendance contemplative, s'élèvent à la véritable intuition intellectuelle d'un seul coup et sans le secours de tels moyens| [18] | ; mais ce n'est là qu'un cas plutôt exceptionnel, et, le plus habituellement, il y a ce qu'on peut appeler une nécessité de convenance à procéder dans le sens ascendant. On peut également, pour faire comprendre ceci, se servir de l'image traditionnelle de la « roue cosmique " : la circonférence n'existe en réalité que par le centre ; mais les êtres qui sont sur la circonférence doivent forcément partir de celle-ci, ou plus précisément du point de celle-ci où ils sont placés, et suivre le rayon pour aboutir au centre. D'ailleurs, en vertu de la correspondance qui existe entre tous les ordres de réalité, les vérités d'un ordre inférieur peuvent être considérées comme un symbole de celles des ordres supérieurs, et, par suite, servir de « support " pour arriver analogiquement à la connaissance de ces dernières|[19] | ; c'est là ce qui confère à toute science un sens supérieur ou « anagogique ", plus profond que celui qu'elle possède par elle-même, et ce qui peut lui donner le caractère d'une véritable « science sacrée ".

Toute science, disons-nous, peut revêtir ce caractère, quel que soit son objet, à la seule condition d'être constituée et envisagée selon l'esprit traditionnel ; il y a lieu seulement de tenir compte en cela des degrés d'importance de ces sciences, suivant le rang hiérarchique des réalités diverses auxquelles elles se rapportent ; mais, à un degré ou à un autre, leur caractère et leur fonction sont essentiellement les mêmes dans la conception traditionnelle. Ce qui est vrai ici de toute science l'est même également de tout art, en tant que celui-ci peut avoir une valeur proprement symbolique qui le rend apte à fournir des « supports " pour la méditation, et aussi en tant que ses règles sont, comme les lois dont la connaissance est l'objet des sciences, des reflets et des applications des principes fondamentaux ; et il y a ainsi, en toute civilisation normale, des « arts traditionnels ", qui ne sont pas moins inconnus des Occidentaux modernes que les « sciences traditionnelles "|[20] | . La vérité est qu'il n'existe pas en réalité un « domaine profane ", qui s'opposerait d'une certaine façon au « domaine sacré " ; il existe seulement un « point de vue profane ", qui n'est proprement rien d'autre que le point de vue de l'ignorance *|*[21] *|* . C'est pourquoi la « science profane ", celle des modernes, peut à juste titre, ainsi que nous l'avons déjà dit ailleurs, être regardée comme un « savoir ignorant " : savoir d'ordre inférieur, qui se tient tout entier au niveau de la plus basse réalité, et savoir ignorant de tout ce qui le dépasse, ignorant de toute fin supérieure à lui-même, comme de tout principe qui pourrait lui assurer une place légitime, si humble soit-elle, parmi les divers ordres de la connaissance intégrale ; enfermée irrémédiablement dans le domaine relatif et borné où elle a voulu se proclamer indépendante, ayant ainsi coupé elle-même toute communication avec la vérité transcendante et avec la connaissance suprême, ce n'est plus qu'une science vaine et illusoire, qui, à vrai dire, ne vient de rien et ne conduit à rien.

Cet exposé permettra de comprendre tout ce qui manque au monde moderne sous le rapport de la science, et comment cette même science dont il est si fier ne représente qu'une simple déviation et comme un déchet de la science véritable, qui, pour nous, s'identifie entièrement à ce que nous avons appelé la « science sacrée " ou la « science traditionnelle ". La science moderne, procédant d'une limitation arbitraire de la connaissance à un certain ordre particulier, et qui est le plus inférieur de tous, celui de la réalité matérielle ou sensible, a perdu, du fait de cette limitation et des conséquences qu'elle entraîne immédiatement, toute valeur intellectuelle, du moins si l'on donne à l'intellectualité la plénitude de son vrai sens, si l'on se refuse à partager l'erreur « rationaliste ", c'est-à-dire à assimiler l'intelligence pure à la raison, ou, ce qui revient au même, à nier l'intuition intellectuelle. Ce qui est au fond de cette erreur, comme d'une grande partie des autres erreurs modernes, ce qui est à la racine même de toute la déviation de la science telle que nous venons de l'expliquer, c'est ce qu'on peut appeler l'« individualisme ", qui ne fait qu'un avec l'esprit antitraditionnel lui-même, et dont les manifestations multiples, dans tous les domaines, constituent un des facteurs les plus importants du désordre de notre époque ; c'est cet « individualisme " que nous devons maintenant examiner de plus près.

CHAPITRE V

L'individualisme

Ce que nous entendons par « individualisme ", c'est la négation de tout principe supérieur à l'individualité, et, par suite, la réduction de la civilisation, dans tous les domaines, aux seuls éléments purement humains ; c'est donc, au fond, la même chose que ce qui a été désigné à l'époque de la Renaissance sous le nom d' « humanisme ", comme nous l'avons dit plus haut, et c'est aussi ce qui caractérise proprement ce que nous appelions tout à l'heure le « point de vue profane ". Tout cela, en somme, n'est qu'une seule et même chose sous des désignations diverses ; et nous avons dit encore que cet esprit « profane " se confond avec l'esprit anti-traditionnel, en lequel se résument toutes les tendances spécifiquement modernes. Ce n'est pas, sans doute, que cet esprit soit entièrement nouveau ; il a eu déjà, à d'autres époques, des manifestations plus ou moins accentuées, mais toujours limitées et aberrantes, et qui ne s'étaient jamais étendues à tout l'ensemble d'une civilisation comme elles l'ont fait en Occident au cours de ces derniers siècles. Ce qui ne s'était jamais vu jusqu'ici, c'est une civilisation édifiée tout entière sur quelque chose de purement négatif, sur ce qu'on pourrait appeler une absence de principe ; c'est là, précisément, ce qui donne au monde moderne son caractère anormal, ce qui en fait une sorte de monstruosité, explicable seulement si on le considère comme correspondant à la fin d'une période cyclique, suivant ce que nous avons expliqué tout d'abord. C'est donc bien l'individualisme, tel que nous venons de le définir, qui est la cause déterminante de la déchéance actuelle de l'Occident, par là même qu'il est en quelque sorte le moteur du développement exclusif des possibilités les plus inférieures de l'humanité, de celles dont l'expansion n'exige l'intervention d'aucun élément suprahumain, et qui même ne peuvent se déployer complètement qu'en l'absence d'un tel élément, parce qu'elles sont à l'extrême opposé de toute spiritualité et de toute intellectualité vraie.

L'individualisme implique tout d'abord la négation de l'intuition intellectuelle, en tant que celle-ci est essentiellement une faculté supraindividuelle, et de l'ordre de connaissance qui est le domaine propre de cette intuition, c'est-à-dire de la métaphysique entendue dans son véritable sens. C'est pourquoi tout ce que les philosophes modernes désignent sous ce même nom de métaphysique, quand ils admettent quelque chose qu'ils appellent ainsi, n'a absolument rien de commun avec la métaphysique vraie : ce ne sont que constructions rationnelles ou hypothèses imaginatives, donc conceptions tout individuelles, et dont la plus grande partie, d'ailleurs, se rapporte simplement au domaine « physique ", c'est-à-dire à la nature. Même s'il se rencontre là-dedans quelque question qui pourrait être rattachée effectivement à l'ordre métaphysique, la façon dont elle est envisagée et traitée la réduit encore à n'être que de la « pseudométaphysique ", et rend du reste impossible toute solution réelle et valable ; il semble même que, pour les philosophes, il s'agisse de poser des « problèmes ", fussent-ils artificiels et illusoires, bien plus que de les résoudre, ce qui est un des aspects du besoin désordonné de la recherche pour elle-même, c'est-à-dire de l'agitation la plus vaine dans l'ordre mental, aussi bien que dans l'ordre corporel. Il s'agit aussi, pour ces mêmes philosophes, d'attacher leur nom à un « système ", c'est-à-dire à un ensemble de théories strictement borné et délimité, et qui soit bien à eux, qui ne soit rien d'autre que leur œuvre propre ; de là le désir d'être original à tout prix, même si la vérité doit être sacrifiée à cette originalité : mieux vaut, pour la renommée d'un philosophe, inventer une erreur nouvelle que de redire une vérité qui a déjà été exprimée par d'autres. Cette forme de l'individualisme, à laquelle on doit tant de « systèmes " contradictoires entre eux, quand ils ne le sont pas en eux-mêmes, se rencontre d'ailleurs tout aussi bien chez les savants et les artistes modernes ; mais c'est peutêtre chez les philosophes qu'on peut voir le plus nettement l'anarchie intellectuelle qui en est l'inévitable conséquence.

Dans une civilisation traditionnelle, il est presque inconcevable qu'un homme prétende revendiquer la propriété d'une idée, et, en tout cas, s'il le fait, il s'enlève par là même tout crédit et toute autorité, car il la réduit ainsi à n'être qu'une sorte de fantaisie sans aucune portée réelle : si une idée est vraie, elle appartient également à tous ceux qui sont capables de la comprendre ; si elle est fausse, il n'y a pas à se faire gloire de l'avoir inventée. Une idée vraie ne peut être « nouvelle ", car la vérité n'est pas un produit de l'esprit humain, elle existe indépendamment de nous, et nous avons seulement à la connaître ; en dehors de cette connaissance, il ne peut y avoir que l'erreur ; mais, au fond, les modernes se soucient-ils de la vérité, et savent-ils même encore ce qu'elle est ? Là aussi, les mots ont perdu leur sens, puisque certains, comme les « pragmatistes " contemporains, vont jusqu'à donner abusivement ce nom de « vérité " à ce qui est tout simplement l'utilité pratique, c'est-à-dire à quelque chose qui est entièrement étranger à l'ordre intellectuel ; c'est, comme aboutissement logique de la déviation moderne, la négation même de la vérité, aussi bien que de l'intelligence dont elle est l'objet propre. Mais n'anticipons pas davantage, et, sur ce point, faisons seulement remarquer encore que le genre d'individualisme dont il vient d'être question est la source des illusions concernant le rôle des

« grands hommes " ou soi-disant tels ; le « génie ", entendu au sens « profane ", est fort peu de chose en réalité, et il ne saurait en aucune manière suppléer au défaut de véritable connaissance.

Puisque nous avons parlé de la philosophie, nous signalerons encore, sans entrer dans tous les détails, quelques-unes des conséquences de l'individualisme dans ce domaine : la première de toutes fut, par la négation de l'intuition intellectuelle, de mettre la raison au-dessus de tout, de faire de cette faculté purement humaine et relative la partie supérieure de l'intelligence, ou même d'y réduire celle-ci tout entière ; c'est là ce qui constitue le « rationalisme ", dont le véritable fondateur fut Descartes. Cette limitation de l'intelligence n'était d'ailleurs qu'une première étape ; la raison elle-même ne devait pas tarder à être rabaissée de plus en plus à un rôle surtout pratique, à mesure que les applications prendraient le pas sur les sciences qui pouvaient avoir encore un certain caractère spéculatif ; et, déjà, Descartes lui-même était, au fond, beaucoup plus préoccupé de ces applications pratiques que de la science pure. Mais ce n'est pas tout : l'individualisme entraîne inévitablement le « naturalisme ", puisque tout ce qui est au-delà de la nature est, par là même, hors de l'atteinte de l'individu comme tel ; « naturalisme " ou négation de la métaphysique, ce n'est d'ailleurs qu'une seule et même chose, et, dès lors que l'intuition intellectuelle est méconnue, il n'y a plus de métaphysique possible ; mais, tandis que certains s'obstinent cependant à bâtir une « pseudométaphysique " quelconque, d'autres reconnaissent plus franchement cette impossibilité ; de là le « relativisme " sous toutes ses formes, que ce soit le « criticisme " de Kant ou le « positivisme " d'Auguste Comte ; et, la raison étant elle-même toute relative et ne pouvant s'appliquer valablement qu'à un domaine également relatif, il est bien vrai que le « relativisme " est le seul aboutissement logique du « rationalisme ". Celui-ci, du reste, devait arriver par là à se détruire lui-même : « nature " et « devenir ", comme nous l'avons noté plus haut, sont en réalité synonymes ; un « naturalisme " conséquent avec lui-même ne peut donc être qu'une de ces « philosophies du devenir " dont nous avons déjà parlé, et dont le type spécifiquement moderne est l' « évolutionnisme " ; mais c'est précisément celui-ci qui devait finalement se retourner contre le « rationalisme ", en reprochant à la raison de ne pouvoir s'appliquer adéquatement à ce qui n'est que changement et pure multiplicité, ni enfermer dans ses concepts l'indéfinie complexité des choses sensibles. Telle est en effet la position prise par cette forme de l' « évolutionnisme " qu'est l' « intuitionnisme " bergsonien, qui, bien entendu, n'est pas moins individualiste et anti-métaphysique que le « rationalisme ", et qui, s'il critique justement celui-ci, tombe encore plus bas en faisant appel à une faculté proprement infra-rationnelle, à une intuition sensible assez mal définie d'ailleurs, et plus ou moins mêlée d'imagination, d'instinct et de sentiment. Ce qui est bien significatif, c'est qu'ici il n'est même plus question de « vérité ", mais seulement de « réalité ", réduite exclusivement au seul ordre sensible, et conçue comme quelque chose d'essentiellement mouvant et instable ; l'intelligence, avec de telles théories, est véritablement réduite à sa partie la plus basse, et la raison elle-même n'est plus admise qu'en tant qu'elle s'applique à façonner la matière pour des usages industriels. Après cela, il ne restait plus qu'un pas à faire : c'était la négation totale de l'intelligence et de la connaissance, la substitution de l' « utilité " à la « vérité " ; ce fut le « pragmatisme ", auquel nous avons déjà fait allusion tout à l'heure ; et, ici, nous ne sommes même plus dans l'humain pur et simple comme avec le « rationalisme ", nous sommes véritablement dans l'infra-humain, avec l'appel au « subconscient " qui marque le renversement complet de toute hiérarchie normale. Voilà, dans ses grandes lignes, la marche que devait fatalement suivre et qu'a effectivement suivie la philosophie « profane " livrée à elle-même, prétendant limiter toute connaissance à son propre horizon ; tant qu'il existait une connaissance supérieure, rien de semblable ne pouvait se produire, car la philosophie était du moins tenue de respecter ce qu'elle ignorait et ne pouvait le nier ; mais, lorsque cette connaissance supérieure eut disparu, sa négation, qui correspondait à l'état de fait, fut bientôt érigée en théorie, et c'est de là que procède toute la philosophie moderne.

Mais c'en est assez sur la philosophie, à laquelle il ne convient pas d'attribuer une importance excessive, quelle que soit la place qu'elle semble tenir dans le monde moderne ; au point de vue où nous nous plaçons, elle est surtout intéressante en ce qu'elle exprime, sous une forme aussi nettement arrêtée que possible, les tendances de tel ou tel moment, bien plutôt qu'elle ne les crée véritablement ; et, si l'on peut dire qu'elle les dirige jusqu'à un certain point, ce n'est que secondairement et après coup. Ainsi, il est certain que toute la philosophie moderne a son origine chez Descartes ; mais l'influence que celui-ci a exercée sur son époque d'abord, puis sur celles qui suivirent, et qui ne s'est pas limitée aux seuls philosophes, n'aurait pas été possible si ses conceptions n'avaient pas correspondu à des tendances préexistantes, qui étaient en somme celles de la généralité de ses contemporains ; l'esprit moderne s'est retrouvé dans le cartésianisme et, à travers celui-ci, a pris de lui-même une conscience plus claire que celle qu'il avait eue jusque là. D'ailleurs, dans n'importe quel domaine, un mouvement aussi apparent que l'a été le cartésianisme sous le rapport philosophique est toujours une résultante plutôt qu'un véritable point de départ ; il n'est pas quelque chose de spontané, il est le produit de tout un travail latent et diffus ; si un homme comme Descartes est particulièrement représentatif de la déviation moderne, si l'on peut dire qu'il l'incarne en quelque sorte à un certain point de vue, il n'en est pourtant pas le seul ni le premier responsable, et il faudrait remonter beaucoup plus loin pour trouver les racines de cette déviation. De même, la Renaissance et la Réforme, qu'on regarde le plus souvent comme les premières grandes manifestations de l'esprit moderne, achevèrent la rupture avec la tradition beaucoup plus qu'elles ne la provoquèrent ; pour nous, le début de cette rupture date du XIV*e* siècle, et c'est là, et non pas un ou deux siècles plus tard, qu'il faut, en réalité, faire commencer les temps modernes.

C'est sur cette rupture avec la tradition que nous devons encore insister, puisque c'est d'elle qu'est né le monde moderne, dont tous les caractères propres pourraient être résumés en un seul, l'opposition à l'esprit traditionnel ; et la négation de la tradition, c'est encore l'individualisme. Ceci, du reste, est en parfait accord avec ce qui précède, puisque, comme nous l'avons expliqué, c'est l'intuition intellectuelle et la doctrine métaphysique pure qui sont au principe de toute civilisation traditionnelle ; dès lors qu'on nie le principe, on en nie aussi toutes les conséquences, au moins implicitement, et ainsi tout l'ensemble de ce qui mérite vraiment le nom de tradition se trouve détruit par là même. Nous avons vu déjà ce qui s'est produit à cet égard en ce qui concerne les sciences ; nous n'y reviendrons donc pas, et nous envisagerons un autre côté de la question, où les manifestations de l'esprit anti-traditionnel sont peut-être encore plus immédiatement visibles, parce qu'il s'agit ici de changements qui ont affecté directement la masse occidentale elle-même. En effet, les « sciences traditionnelles " du moyen âge étaient réservées à une élite plus ou moins restreinte, et certaines d'entre elles étaient même l'apanage exclusif d'écoles très fermées, constituant un « ésotérisme " au sens le plus strict du mot ; mais, d'autre part, il y avait aussi, dans la tradition, quelque chose qui était commun à tous indistinctement, et c'est de cette partie extérieure que nous voulons parler maintenant. La tradition occidentale était alors, extérieurement, une tradition de forme spécifiquement religieuse, représentée par le Catholicisme ; c'est donc dans le domaine religieux que nous allons avoir à envisager la révolte contre l'esprit traditionnel, révolte qui, lorsqu'elle a pris une forme définie, s'est appelée le Protestantisme ; et il est facile de se rendre compte que c'est bien là une manifestation de l'individualisme, à tel point qu'on pourrait dire que ce n'est rien d'autre que l'individualisme lui-même considéré dans son application à la religion. Ce qui fait le Protestantisme, comme ce qui fait le monde moderne, ce n'est qu'une négation, cette négation des principes qui est l'essence même de l'individualisme ; et l'on peut voir là encore un des exemples les plus frappants de l'état d'anarchie et de dissolution qui en est la conséquence.

Qui dit individualisme dit nécessairement refus d'admettre une autorité supérieure à l'individu, aussi bien qu'une faculté de connaissance supérieure à la raison individuelle ; les deux choses sont inséparables l'une de l'autre. Par conséquent, l'esprit moderne devait rejeter toute autorité spirituelle au vrai sens du mot, prenant sa source dans l'ordre supra-humain, et toute organisation traditionnelle, qui se base essentiellement sur une telle autorité, quelle que soit d'ailleurs la forme qu'elle revête, forme qui diffère naturellement suivant les civilisations. C'est ce qui arriva en effet : à l'autorité de l'organisation qualifiée pour interpréter légitimement la tradition religieuse de l'Occident, le Protestantisme prétendit substituer ce qu'il appela le « libre examen ", c'est-à-dire l'interprétation laissée à l'arbitraire de chacun, même des ignorants et des incompétents, et fondée uniquement sur l'exercice de la raison humaine. C'était donc, dans le domaine religieux, l'analogue de ce qu'allait être le « rationalisme " en philosophie ; c'était la porte ouverte à toutes les discussions, à toutes les divergences, à toutes les déviations ; et le résultat fut ce qu'il devait être : la dispersion en une multitude toujours croissante de sectes, dont chacune ne représente que l'opinion particulière de quelques individus. Comme il était, dans ces conditions, impossible de s'entendre sur la doctrine, celle-ci passa vite au second plan, et c'est le côté secondaire de la religion, nous voulons dire la morale, qui prit la première place : de là cette dégénérescence en « moralisme " qui est si sensible dans le Protestantisme actuel. Il s'est produit là un phénomène parallèle à celui que nous avons signalé à l'égard de la philosophie ; la dissolution doctrinale, la disparition des éléments intellectuels de la religion, entraînait cette conséquence inévitable : partant du « rationalisme ", on devait tomber au « sentimentalisme ", et c'est dans les pays anglo-saxons qu'on en pourrait trouver les exemples les plus frappants. Ce dont il s'agit alors, ce n'est plus de religion, même amoindrie et déformée, c'est tout simplement de « religiosité ", c'est-à-dire de vagues aspirations sentimentales qui ne se justifient par aucune connaissance réelle ; et à ce dernier stade correspondent des théories comme celle de l' « expérience religieuse " de William James, qui va jusqu'à voir dans le « subconscient " le moyen pour l'homme d'entrer en communication avec le divin. Ici, les derniers produits de la déchéance religieuse fusionnent avec ceux de la déchéance philosophique : l' « expérience religieuse " s'incorpore au « pragmatisme ", au nom duquel on préconise l'idée d'un Dieu limité comme plus « avantageuse " que celle du Dieu infini, parce qu'on peut éprouver pour lui des sentiments comparables à ceux qu'on éprouve à l'égard d'un homme supérieur ; et, en même temps, par l'appel au « subconscient ", on en arrive à rejoindre le spiritisme et toutes les « pseudo-religions " caractéristiques de notre époque, que nous avons étudiées dans d'autres ouvrages. D'un autre côté, la morale protestante, éliminant de plus en plus toute base doctrinale, finit par dégénérer en ce qu'on appelle la « morale laïque ", qui compte parmi ses partisans les représentants de toutes les variétés du « Protestantisme libéral ", aussi bien que les adversaires déclarés de toute idée religieuse ; au fond, chez les uns et les autres, ce sont les mêmes tendances qui prédominent, et la seule différence est que tous ne vont pas aussi loin dans le développement logique de tout ce qui s'y trouve impliqué.

En effet, la religion étant proprement une forme de la tradition, l'esprit anti-traditionnel ne peut être qu'antireligieux ; il commence par dénaturer la religion, et, quand il le peut, il finit par la supprimer entièrement. Le Protestantisme est illogique en ce que, tout en s'efforçant d' « humaniser " la religion, il laisse encore subsister malgré tout, au moins en théorie, un élément supra-humain, qui est la révélation ; il n'ose pas pousser la négation jusqu'au bout, mais, en livrant cette révélation à toutes les discussions qui sont la conséquence d'interprétations purement humaines, il la réduit en fait à n'être bientôt plus rien ; et, quand on voit des gens qui, tout en persistant à se dire « chrétiens ", n'admettent même plus la divinité du Christ, il est permis de penser que ceux-là, sans s'en douter peut-être, sont beaucoup plus près de la négation complète que du véritable Christianisme. De semblables contradictions, d'ailleurs, ne doivent pas étonner outre mesure, car elles sont, dans tous les domaines, un des symptômes de notre époque de désordre et de confusion, de même que la division incessante du Protestantisme n'est qu'une des nombreuses manifestations de cette dispersion dans la multiplicité qui, comme nous l'avons dit, s e retrouve partout dans la vie et la science modernes. D'autre part, il est naturel que le

Protestantisme, avec l'esprit de négation qui l'anime, ait donné naissance à cette « critique " dissolvante qui, dans les mains des prétendus « historiens des religions ", est devenue une arme de combat contre toute religion, et qu'ainsi, tout en prétendant ne reconnaître d'autre autorité que celle des Livres sacrés, il ait contribué pour une large part à la destruction de cette même autorité, c'est-à-dire du minimum de tradition qu'il conservait encore ; la révolte contre l'esprit traditionnel, une fois commencée, ne pouvait s'arrêter à mi-chemin.

On pourrait faire ici une objection : n'aurait-il pas été possible que, tout en se séparant de l'organisation catholique, le Protestantisme, par là même qu'il admettait cependant les Livres sacrés, gardât la doctrine traditionnelle qui y est contenue ? C'est l'introduction du « libre examen " qui s'oppose absolument à une telle hypothèse, puisqu'elle permet toutes les fantaisies individuelles ; la conservation de la doctrine suppose d'ailleurs un enseignement traditionnel organisé, par lequel se maintient l'interprétation orthodoxe, et en fait, cet enseignement, dans le monde occidental, s'identifiait au Catholicisme. Sans doute, il peut y avoir, dans d'autres civilisations, des organisations de formes très différentes de celle-là pour remplir la fonction correspondante ; mais c'est de la civilisation occidentale, avec ses conditions particulières, qu'il s'agit ici. On ne peut donc pas faire valoir que, par exemple, il n'existe dans l'Inde aucune institution comparable à la Papauté ; le cas est tout différent, d'abord parce qu'on n'a pas affaire à une tradition de forme religieuse au sens occidental de ce mot, de sorte que les moyens par lesquels elle se conserve et se transmet ne peuvent pas être les mêmes, et ensuite parce que, l'esprit hindou étant tout autre que l'esprit européen, la tradition peut avoir par elle-même, dans le premier cas, une puissance qu'elle ne saurait avoir dans le second sans l'appui d'une organisation beaucoup plus strictement définie dans sa constitution extérieure. Nous avons déjà dit que la tradition occidentale, depuis le Christianisme, devait nécessairement être revêtue d'une forme religieuse ; il serait trop long d'en expliquer ici toutes les raisons, qui ne peuvent être pleinement comprises sans faire appel à des considérations assez complexes ; mais c'est là un état de fait dont on ne peut se refuser à tenir compte[22], et, dès lors, il faut aussi admettre toutes les conséquences qui en résultent en ce qui concerne l'organisation appropriée à une semblable forme traditionnelle.

D'autre part, il est bien certain, comme nous l'indiquions aussi plus haut, que c'est dans le Catholicisme seul que s'est maintenu ce qui subsiste encore, malgré tout, d'esprit traditionnel en Occident ; est-ce à dire que, là du moins, on puisse parler d'une conservation intégrale de la tradition, à l'abri de toute atteinte de l'esprit moderne ? Malheureusement, il ne semble pas qu'il en soit ainsi ; ou, pour parler plus exactement, si le dépôt de la tradition est demeuré intact, ce qui est déjà beaucoup, il est assez douteux que le sens profond en soit encore compris effectivement, même par une élite peu nombreuse, dont l'existence se manifesterait sans doute par une action ou plutôt par une influence que, en fait, nous ne constatons nulle part. Il s'agit donc plus vraisemblablement de ce que nous appellerions volontiers une conservation à l'état latent, permettant toujours, à ceux qui en seront capables, de retrouver le sens de la tradition, quand bien même ce sens ne serait actuellement conscient pour personne ; et il y a d'ailleurs aussi, épars çà et là dans le monde occidental, en dehors du domaine religieux, beaucoup de signes ou de symboles qui proviennent d'anciennes doctrines traditionnelles, et que l'on conserve sans les comprendre. Dans de pareils cas, un contact avec l'esprit traditionnel pleinement vivant est nécessaire pour réveiller ce qui est ainsi plongé dans une sorte de sommeil, pour restaurer la compréhension perdue ; et, redisons-le encore une fois, c'est en cela surtout que l'Occident aura besoin du secours de l'Orient s'il veut revenir à la conscience de sa propre tradition.

Ce que nous venons de dire se rapporte proprement aux possibilités que le Catholicisme, par son principe, porte en lui-même d'une façon constante et inaltérable ; ici, par conséquent, l'influence de l'esprit moderne se borne forcément à empêcher, pendant une période plus ou moins longue, que certaines choses soient effectivement comprises. Par contre, si l'on voulait, en parlant de l'état présent du Catholicisme, entendre par là la façon dont il est envisagé par la grande majorité de ses adhérents eux-mêmes, on serait bien obligé de constater une action plus positive de l'esprit moderne, si cette expression peut être employée pour quelque chose qui en réalité, est essentiellement négatif. Ce que nous avons en vue à cet égard, ce ne sont pas seulement des mouvements assez nettement définis, comme celui auquel on a donné précisément le nom de « modernisme ", et qui ne fut rien d'autre qu'une tentative, heureusement déjouée, d'infiltration de l'esprit protestant à l'intérieur de l'Église catholique elle-même ; c'est surtout un état d'esprit beaucoup plus général, plus diffus et plus difficilement saisissable, donc plus dangereux encore, d'autant plus dangereux même qu'il est souvent tout à fait inconscient chez ceux qui en sont affectés : on peut se croire sincèrement religieux et ne l'être nullement au fond, on peut même se dire « traditionaliste " sans avoir la moindre notion du véritable esprit traditionnel, et c'est là encore un des symptômes du désordre mental de notre époque. L'état d'esprit auquel nous faisons allusion est, tout d'abord, celui qui consiste, si l'on peut dire, à « minimiser " la religion, à en faire quelque chose que l'on met à part, à quoi on se contente d'assigner une place bien délimitée et aussi étroite que possible, quelque chose qui n'a aucune influence réelle sur le reste de l'existence, qui en est isolé par une sorte de cloison étanche ; est-il aujourd'hui beaucoup de catholiques qui aient, dans la vie courante, des façons de penser et d'agir sensiblement différentes de celles de leurs contemporains les plus « areligieux " ? C'est aussi l'ignorance à peu près complète au point de vue doctrinal, l'indifférence même à l'égard de tout ce qui s'y rapporte ; la religion, pour beaucoup, est simplement une affaire de « pratique ", d'habitude, pour ne pas dire de routine, et l'on s'abstient soigneusement de chercher à y comprendre quoi que ce soit, on en arrive même à penser qu'il est inutile de comprendre, ou peut-être qu'il n'y a rien à comprendre ; du reste, si l'on comprenait vraiment la religion, pourrait-on lui faire une place aussi médiocre parmi ses préoccupations ? La doctrine se trouve donc, en fait, oubliée ou réduite à presque rien, ce qui se rapproche singulièrement de la conception protestante, parce que c'est un effet des mêmes tendances modernes, opposées à toute intellectualité ; et ce qui est le plus déplorable, c'est que l'enseignement qui est donné généralement, au lieu de réagir contre cet état d'esprit, le favorise au contraire en ne s'y adaptant que trop bien : on parle toujours de morale, on ne parle presque jamais de doctrine, sous prétexte qu'on ne serait pas compris ; la religion, maintenant, n'est plus que du « moralisme ", ou du moins il semble que personne ne veuille plus voir ce qu'elle est réellement, et qui est tout autre chose. Si l'on en arrive cependant à parler encore quelquefois de la doctrine, ce n'est trop souvent que pour la rabaisser en discutant avec des adversaires sur leur propre terrain « profane ", ce qui conduit inévitablement à leur faire les concessions les plus injustifiées ; c'est ainsi, notamment, qu'on se croit obligé de tenir compte, dans une plus ou moins large mesure, des prétendus résultats de la « critique " moderne, alors que rien ne serait plus facile, en se plaçant à un autre point de vue, que d'en montrer toute l'inanité ; dans ces conditions, que peut-il rester effectivement du véritable esprit traditionnel ?

Cette digression, où nous avons été amené par l'examen des manifestations de l'individualisme dans le domaine religieux, ne nous semble pas inutile, car elle montre que le mal, à cet égard, est encore plus grave et plus étendu qu'on ne pourrait le croire à première vue ; et, d'autre part, elle ne nous éloigne guère de la question que nous envisagions, et à laquelle notre dernière remarque se rattache même directement, car c'est encore l'individualisme qui introduit partout l'esprit de discussion. Il est très difficile de faire comprendre à nos contemporains qu'il y a des choses qui, par leur nature même, ne peuvent se discuter ; l'homme moderne, au lieu de chercher à s'élever à la vérité, prétend la faire descendre à son niveau ; et c'est sans doute pourquoi il en est tant qui, lorsqu'on leur parle de « sciences traditionnelles " ou même de métaphysique pure, s'imaginent qu'il ne s'agit que de « science profane " et de « philosophie ". Dans le domaine des opinions individuelles, on peut toujours discuter, parce qu'on ne dépasse pas l'ordre rationnel, et parce que, ne faisant appel à aucun principe supérieur, on arrive facilement à trouver des arguments plus ou moins valables pour soutenir le « pour " et le « contre " ; on peut même, dans bien des cas, pousser la discussion indéfiniment sans parvenir à aucune solution, et c'est ainsi que presque toute la philosophie moderne n'est faite que d'équivoques et de questions mal posées. Bien loin d'éclaircir les questions comme on le suppose d'ordinaire, la discussion, le plus souvent, ne fait guère que les déplacer, sinon les obscurcir davantage ; et le résultat le plus habituel est que chacun, en s'efforçant de convaincre son adversaire, s'attache plus que jamais à sa propre opinion et s'y enferme d'une façon encore plus exclusive qu'auparavant. En tout cela, au fond, il ne s'agit pas d'arriver à la connaissance de la vérité, mais d'avoir raison malgré tout, ou tout au moins de s'en persuader soi-même, si l'on ne peut en persuader les autres, ce qu'on regrettera d'ailleurs d'autant plus qu'il s'y mêle toujours ce besoin de « prosélytisme " qui est encore un des éléments les plus caractéristiques de l'esprit occidental. Parfois, l'individualisme, au sens le plus ordinaire et le plus bas du mot, se manifeste d'une façon plus apparente encore : ainsi, ne voit-on pas à chaque instant des gens qui veulent juger l'œuvre d'un homme d'après ce qu'ils savent de sa vie privée, comme s'il pouvait y avoir entre ces deux choses un rapport quelconque ? De la même tendance, jointe à la manie du détail, dérivent aussi, notons-le en passant, l'intérêt qu'on attache aux moindres particularités de l'existence des « grands hommes ", et l'illusion qu'on se donne d'expliquer tout ce qu'ils ont fait par une sorte d'analyse « psycho-physiologique " ; tout cela est bien significatif pour qui veut se rendre compte de ce qu'est vraiment la mentalité contemporaine.

Mais revenons encore un instant sur l'introduction des habitudes de discussion dans les domaines où elles n'ont que faire, et disons nettement ceci : l'attitude « apologétique " est, en elle-même, une attitude extrêmement faible, parce qu'elle est purement « défensive ", au sens juridique de ce mot ; ce n'est pas pour rien qu'elle est désignée par un terme dérivé d' « apologie ", qui a pour signification propre le plaidoyer d'un avocat, et qui, dans une langue telle que l'anglais, a été jusqu'à prendre couramment l'acception d' « excuse " ; l'importance prépondérante accordée à l' « apologétique " est donc la marque incontestable d'un recul de l'esprit religieux. (Cette faiblesse s'accentue encore quand l' « apologétique " dégénère, comme nous le disions tout à l'heure, en discussions toutes « profanes " par la méthode et le point de vue, où la religion est mise sur le même plan que les théories philosophiques et scientifiques, ou pseudo-scientifiques, les plus contingentes et les plus hypothétiques, et où, pour paraître « conciliant ", on va jusqu'à admettre dans une certaine mesure des conceptions qui n'ont été inventées que pour ruiner toute religion ; ceux qui agissent ainsi fournissent eux-mêmes la preuve qu'ils sont parfaitement inconscients du véritable caractère de la doctrine dont ils se croient les représentants plus ou moins autorisés. Ceux qui sont qualifiés pour parler au nom d'une doctrine traditionnelle n'ont pas à discuter avec les « profanes " ni à faire de la « polémique " ; ils n'ont qu'à exposer la doctrine telle qu'elle est, pour ceux qui peuvent la comprendre, et, en même temps, à dénoncer l'erreur partout où elle se trouve, à la faire apparaître comme telle en projetant sur elle la lumière de la vraie connaissance ; leur rôle n'est pas d'engager une lutte et d'y compromettre la doctrine, mais de porter le jugement qu'ils ont le droit de porter s'ils possèdent effectivement les principes qui doivent les inspirer infailliblement. Le domaine de la lutte, c'est celui de l'action, c'est-à-dire le domaine individuel et temporel ; le « moteur immobile " produit et dirige le mouvement sans y être entraîné ; la connaissance éclaire l'action sans participer à ses vicissitudes ; le spirituel guide le temporel sans s'y mêler ; et ainsi chaque chose demeure dans son ordre, au rang qui lui appartient dans la hiérarchie universelle ; mais, dans le monde moderne, où peut-on trouver encore la notion d'une véritable hiérarchie ? Rien ni personne n'est plus à la place où il devrait être normalement ; les hommes ne reconnaissent plus aucune autorité effective dans l'ordre spirituel, aucun pouvoir légitime dans l'ordre temporel ; les « profanes " se permettent de discuter des choses sacrées, d'en contester le caractère et jusqu'à l'existence même ; c'est l'inférieur qui juge le supérieur, l'ignorance qui impose des bornes à la sagesse, l'erreur qui prend le pas sur la vérité, l'humain qui se substitue au divin, la terre qui l'emporte sur le ciel, l'individu qui se fait la mesure de toutes choses et prétend dicter à l'univers des lois tirées tout entières de sa propre raison relative et faillible. « Malheur à vous, guides aveugles ", est-il dit dans l'Évangile ; aujourd'hui, on ne voit en effet partout que des aveugles qui conduisent d'autres aveugles, et qui, s'ils ne sont arrêtés à temps, les mèneront fatalement à l'abîme où ils périront avec eux.

CHAPITRE VI

Le chaos social

Nous n'entendons pas, dans cette étude, nous attacher spécialement au point de vue social, qui ne nous intéresse que très indirectement, parce qu'il ne représente qu'une application assez lointaine des principes fondamentaux, et que, par conséquent, ce n'est point dans ce domaine que pourrait, en tout état de cause, commencer un redressement du monde moderne. Ce redressement, en effet, s'il était ainsi entrepris à rebours, c'est-à-dire en partant des conséquences au lieu de partir des principes, manquerait forcément de base sérieuse et serait tout à fait illusoire ; rien de stable ne pourrait jamais en résulter, et tout serait à recommencer incessamment, parce qu'on aurait négligé de s'entendre avant tout sur les vérités essentielles. C'est pourquoi il ne nous est pas possible d'accorder aux contingences politiques, même en donnant à ce mot son sens le plus large, une valeur autre que celle de simples signes extérieurs de la mentalité d'une époque ; mais, sous ce rapport même, nous ne pouvons pas non plus passer entièrement sous silence les manifestations du désordre moderne dans le domaine social proprement dit.

Comme nous l'indiquions tout à l'heure, personne, dans l'état présent du monde occidental, ne se trouve plus à la place qui lui convient normalement en raison de sa nature propre ; c'est ce qu'on exprime en disant que les castes n'existent plus, car la caste, entendue dans son vrai sens traditionnel, n'est pas autre chose que la nature individuelle elle même, avec tout l'ensemble des aptitudes spéciales qu'elle comporte et qui prédisposent chaque homme à l'accomplissement de telle ou telle fonction déterminée. Dès lors que l'accession à des fonctions quelconques n'est plus soumise à aucune règle légitime, il en résulte inévitablement que chacun se trouvera amené à faire n'importe quoi, et souvent ce pour quoi il est le moins qualifié ; le rôle qu'il jouera dans la société sera déterminé, non pas par le hasard, qui n'existe pas en réalité| [23] | , mais par ce qui peut donner l'illusion du hasard, c'est-à-dire par l'enchevêtrement de toutes sortes de circonstances accidentelles ; ce qui y interviendra le moins, ce sera précisément le seul facteur qui devrait compter en pareil cas, nous voulons dire les différences de nature qui existent entre les hommes. La cause de tout ce désordre, c'est la négation de ces différences elles-mêmes, entraînant celle de toute hiérarchie sociale ; et cette négation, d'abord peut-être à peine consciente et plus pratique que théorique, car la confusion des castes a précédé leur suppression complète, ou, en d'autres termes, on s'est mépris sur la nature des individus avant d'arriver à n'en plus tenir aucun compte, cette négation, disons-nous, a été ensuite érigée par les modernes en pseudo-principe sous le nom d' « égalité ". Il serait trop facile de montrer que l'égalité ne peut exister nulle part, pour la simple raison qu'il ne saurait y avoir deux êtres qui soient à la fois réellement distincts et entièrement semblables entre eux sous tous les rapports ; et il ne serait pas moins facile de faire ressortir toutes les conséquences absurdes qui découlent de cette idée chimérique, au nom de laquelle on prétend imposer partout une uniformité complète, par exemple en distribuant à tous un enseignement identique, comme si tous étaient pareillement aptes à comprendre les mêmes choses, et comme si, pour les leur faire comprendre, les mêmes méthodes convenaient à tous indistinctement. On peut d'ailleurs se demander s'il ne s'agit pas plutôt d' « apprendre " que de « comprendre " vraiment, c'est-à-dire si la mémoire n'est pas substituée à l'intelligence dans la conception toute verbale et « livresque " de l'enseignement actuel, où l'on ne vise qu'à l'accumulation de notions rudimentaires et hétéroclites, et où la qualité est entièrement sacrifiée à la quantité, ainsi que cela se produit partout dans le monde moderne pour des raisons que nous expliquerons plus complètement par la suite : c'est toujours la dispersion dans la multiplicité. Il y aurait, à ce propos, bien des choses à dire sur les méfaits de l' « instruction obligatoire " ; mais ce n'est pas le lieu d'insister là-dessus, et, pour ne pas sortir du cadre que nous nous sommes tracé, nous devons nous contenter de signaler en passant cette conséquence spéciale des théories « égalitaires ", comme un de ces éléments de désordre qui sont aujourd'hui trop nombreux pour qu'on puisse même avoir la prétention de les énumérer sans en omettre aucun.

Naturellement, quand nous nous trouvons en présence d'une idée comme celle d' « égalité ", ou comme celle de « progrès ", ou comme les autres « dogmes laïques " que presque tous nos contemporains acceptent aveuglément, et dont la plupart ont commencé à se formuler nettement au cours du XVIII*E* siècle, il ne nous est pas possible d'admettre que de telles idées aient pris naissance spontanément. Ce sont en somme de véritables « suggestions ", au sens le plus strict de ce mot, qui ne pouvaient d'ailleurs produire leur effet que dans un milieu déjà préparé à les recevoir ; elles n'ont pas créé de toutes pièces l'état d'esprit qui caractérise l'époque moderne, mais elles ont largement contribué à l'entretenir et à le développer jusqu'à un point qu'il n'aurait sans doute pas atteint sans elles. Si ces suggestions venaient à s'évanouir, la mentalité générale serait bien près de changer d'orientation ; c'est pourquoi elles sont si soigneusement entretenues par tous ceux qui ont quelque intérêt à maintenir le désordre, sinon à l'aggraver encore, et aussi pourquoi, dans un temps où l'on prétend tout soumettre à la discussion, elles sont les seules choses qu'on ne se permet jamais de discuter. Il est d'ailleurs difficile de déterminer exactement le degré de sincérité de ceux qui se font les propagateurs de semblables idées, de savoir dans quelle mesure certains hommes en arrivent à se prendre à leurs propres mensonges et à se suggestionner eux-mêmes en suggestionnant les autres ; et même, dans une propagande de ce genre, ceux qui jouent un rôle de dupes sont souvent les meilleurs instruments, parce qu'ils y apportent une conviction que les autres auraient quelque peine à simuler, et qui est facilement contagieuse ; mais, derrière tout cela, et tout au moins à l'origine, il faut une action beaucoup plus consciente, une direction qui ne peut venir que d'hommes sachant parfaitement à quoi s'en tenir sur les idées qu'ils lancent ainsi dans la circulation. Nous avons parlé d' « idées ", mais ce n'est que très improprement que ce mot peut s'appliquer ici, car il est bien évident qu'il ne s'agit aucunement d'idées pures, ni même de quelque chose qui appartienne de près ou de loin à l'ordre intellectuel ; ce sont, si l'on veut, des idées fausses, mais mieux vaudrait encore les appeler des « pseudo-idées ", destinées principalement à provoquer des réactions sentimentales, ce qui est en effet le moyen le plus efficace et le plus aisé pour agir sur les masses. À cet égard, le mot a d'ailleurs une importance plus grande que la notion qu'il est censé représenter, et la plupart des « idoles " modernes ne sont véritablement que des mots, car il se produit ici ce singulier phénomène connu sous le nom de « verbalisme ", où la sonorité des mots suffit à donner l'illusion de la pensée ; l'influence que les orateurs exercent sur les foules est particulièrement caractéristique sous ce rapport, et il n'y a pas besoin de l'étudier de très près pour se rendre compte qu'il s'agit bien là d'un procédé de suggestion tout à fait comparable à ceux des hypnotiseurs.

Mais, sans nous étendre davantage sur ces considérations, revenons aux conséquences qu'entraîne la négation de toute vraie hiérarchie, et notons que, dans le présent état de choses, non seulement un homme ne remplit sa fonction propre qu'exceptionnellement et comme par accident, alors que c'est le cas contraire qui devrait normalement être l'exception, mais encore il arrive que le même homme soit appelé à exercer successivement des fonctions toutes différentes, comme s'il pouvait changer d'aptitudes à volonté. Cela peut sembler paradoxal à une époque de « spécialisation " à outrance, et pourtant il en est bien ainsi, surtout dans l'ordre politique ; si la compétence des « spécialistes " est souvent fort illusoire, et en tout cas limitée à un domaine très étroit, la croyance à cette compétence est cependant un fait, et l'on peut se demander comment il se fait que cette croyance ne joue plus aucun rôle quand il s'agit de la carrière des hommes politiques, où l'incompétence la plus complète est rarement un obstacle. Pourtant, si l'on y réfléchit, on s'aperçoit aisément qu'il n'y a là rien dont on doive s'étonner, et que ce n'est en somme qu'un résultat très naturel de la conception « démocratique ", en vertu de laquelle le pouvoir vient d'en bas et s'appuie essentiellement sur la majorité, ce qui a nécessairement pour corollaire l'exclusion de toute véritable compétence, parce que la compétence est toujours une supériorité au moins relative et ne peut être que l'apanage d'une minorité.

Ici, quelques explications ne seront pas inutiles pour faire ressortir, d'une part, les sophismes qui se cachent sous l'idée « démocratique ", et, d'autre part, les liens qui rattachent cette même idée à tout l'ensemble de la mentalité moderne ; il est d'ailleurs presque superflu, étant donné le point de vue où nous nous plaçons, de faire remarquer que ces observations seront formulées en dehors de toutes les questions de partis et de toutes les querelles politiques, auxquelles nous n'entendons nous mêler ni de près ni de loin. Nous envisageons ces choses d'une façon absolument désintéressée, comme nous pourrions le faire pour n'importe quel autre objet d'étude, et en cherchant seulement à nous rendre compte aussi nettement que possible de ce qu'il y a au fond de tout cela, ce qui est du reste la condition nécessaire et suffisante pour que se dissipent toutes les illusions que nos contemporains se font à ce sujet. Là aussi, il s'agit véritablement de « suggestion ", comme nous le disions tout à l'heure pour des idées quelque peu différentes, mais néanmoins connexes ; et, dès qu'on sait que ce n'est qu'une suggestion, dès qu'on a compris comment elle agit, elle ne peut plus s'exercer ; contre des choses de ce genre, un examen quelque peu approfondi et purement « objectif ", comme on dit aujourd'hui dans le jargon spécial qu'on a emprunté aux philosophes allemands, se trouve être bien autrement efficace que toutes les déclamations sentimentales et toutes les polémiques de parti, qui ne prouvent rien et ne sont que l'expression de simples préférences individuelles.

L'argument le plus décisif contre la « démocratie " se résume en quelques mots : le supérieur ne peut émaner de l'inférieur, parce que le « plus " ne peut pas sortir du « moins " ; cela est d'une rigueur mathématique absolue, contre laquelle rien ne saurait prévaloir. Il importe de remarquer que c'est précisément le même argument qui, appliqué dans un autre ordre, vaut aussi contre le « matérialisme " ; il n'y a rien de fortuit dans cette concordance, et les deux choses sont beaucoup plus étroitement solidaires qu'il ne pourrait le sembler au premier abord. Il est trop évident que le peuple ne peut conférer un pouvoir qu'il ne possède pas lui-même ; le pouvoir véritable ne peut venir que d'en haut, et c'est pourquoi, disons-le en passant, il ne peut être légitimé que par la sanction de quelque chose de supérieur à l'ordre social, c'est-à-dire d'une autorité spirituelle ; s'il en est autrement, ce n'est plus qu'une contrefaçon de pouvoir, un état de fait qui est injustifiable par défaut de principe, et où il ne peut y avoir que désordre et confusion. Ce renversement de toute hiérarchie commence dès que le pouvoir temporel veut se rendre indépendant de l'autorité spirituelle, puis se la subordonner en prétendant la faire servir à des fins politiques ; il y a là une première usurpation qui ouvre la voie à toutes les autres, et l'on pourrait ainsi montrer que, par exemple, la royauté française, depuis le XIVE siècle, a travaillé elle-même inconsciemment à préparer la Révolution qui devait la renverser ; peut-être aurons-nous quelque jour l'occasion de développer comme il le mériterait ce point de vue que, pour le moment, nous ne pouvons qu'indiquer d'une façon très sommaire.

Si l'on définit la « démocratie " comme le gouvernement du peuple par lui-même, c'est là une véritable impossibilité, une chose qui ne peut pas même avoir une simple existence de fait, pas plus à notre époque qu'à n'importe quelle autre ; il ne faut pas se laisser duper par les mots, et il est contradictoire d'admettre que les mêmes hommes puissent être à la fois gouvernants et gouvernés, parce que, pour employer le langage aristotélicien, un même être ne peut être « en acte " et « en puissance " en même temps et sous le même rapport. Il y a là une relation qui suppose nécessairement deux termes en présence : il ne pourrait y avoir de gouvernés s'il n'y avait aussi des gouvernants, fussent-ils illégitimes et sans autre droit au pouvoir que celui qu'ils se sont attribué eux-mêmes ; mais la grande habileté des dirigeants, dans le monde moderne, est de faire croire au peuple qu'il se gouverne lui-même ; et le peuple se laisse persuader d'autant plus volontiers qu'il en est flatté et que d'ailleurs il est incapable de réfléchir assez pour voir ce qu'il y a là d'impossible. C'est pour créer cette illusion qu'on a inventé le « suffrage universel " : c'est l'opinion de la majorité qui est supposée faire la loi ; mais ce dont on ne s'aperçoit pas, c'est que l'opinion est quelque chose que l'on peut très facilement diriger et modifier ; on peut toujours, à l'aide de suggestions appropriées, y provoquer des courants allant dans tel ou tel sens déterminé ; nous ne savons plus qui a parlé de « fabriquer l'opinion ", et cette expression est tout à fait juste, bien qu'il faille dire, d'ailleurs, que ce ne sont pas toujours les dirigeants apparents qui ont en réalité à leur disposition les moyens nécessaires pour obtenir ce résultat. Cette dernière remarque donne sans doute la raison pour laquelle l'incompétence des politiciens les plus « en vue " semble n'avoir qu'une importance très relative ; mais, comme il ne s'agit pas ici de démonter les rouages de ce qu'on pourrait appeler la « machine à gouverner ", nous nous bornerons à signaler que cette incompétence même offre l'avantage d'entretenir l'illusion dont nous venons de parler : c'est seulement dans ces conditions, en effet, que les politiciens en question peuvent apparaître comme émanation de la majorité, étant ainsi à son image, car la majorité, sur n'importe quel sujet qu'elle soit appelée à donner son avis, est toujours constituée par les incompétents, dont le nombre est incomparablement plus grand que celui des hommes qui sont capables de se prononcer en parfaite connaissance de cause.

Ceci nous amène immédiatement à dire en quoi l'idée que la majorité doit faire la loi est essentiellement erronée, car, même si cette idée, par la force des choses, est surtout théorique et ne peut correspondre à une réalité effective, il reste pourtant à expliquer comment elle a pu s'implanter dans l'esprit moderne, quelles sont les tendances de celui-ci auxquelles elle correspond et qu'elle satisfait au moins en apparence. Le défaut le plus visible, c'est celui-là même que nous indiquions à l'instant : l'avis de la majorité ne peut être que l'expression de l'incompétence, que celle-ci résulte d'ailleurs du manque d'intelligence ou de l'ignorance pure et simple ; on pourrait faire intervenir à ce propos certaines observations de « psychologie collective ", et rappeler notamment ce fait assez connu que, dans une foule, l'ensemble des réactions mentales qui se produisent entre les individus composants aboutit à la formation d'une sorte de résultante qui est, non pas même au niveau de la moyenne, mais à celui des éléments les plus inférieurs. Il y aurait lieu aussi de faire remarquer, d'autre part, comment certains philosophes modernes ont voulu transporter dans l'ordre intellectuel la théorie « démocratique " qui fait prévaloir l'avis de la majorité, en faisant de ce qu'ils appellent le « consentement universel " un prétendu « critérium de la vérité " : en supposant même qu'il y ait effectivement une question sur laquelle tous les hommes soient d'accord, cet accord ne prouverait rien par lui-même ; mais, en outre, si cette unanimité existait vraiment, ce qui est d'autant plus douteux qu'il y a toujours beaucoup d'hommes qui n'ont aucune opinion sur une question quelconque et qui ne se la sont même jamais posée, il serait en tout cas impossible de la constater en fait, de sorte que ce qu'on invoque en faveur d'une opinion et comme signe de sa vérité se réduit à n'être que le consentement du plus grand nombre, et encore en se bornant à un milieu forcément très limité dans l'espace et dans le temps. Dans ce domaine, il apparaît encore plus clairement que la théorie manque de base, parce qu'il est plus facile de s'y soustraire à l'influence du sentiment, qui au contraire entre en jeu presque inévitablement lorsqu'il s'agit du domaine politique ; et c'est cette influence qui est un des principaux obstacles à la compréhension de certaines choses, même chez ceux qui auraient par ailleurs une capacité intellectuelle très largement suffisante pour parvenir sans peine à cette compréhension ; les impulsions émotives empêchent la réflexion, et c'est une des plus vulgaires habiletés de la politique que celle qui consiste à tirer parti de cette incompatibilité.

Mais allons plus au fond de la question : qu'est-ce exactement que cette loi du plus grand nombre qu'invoquent les gouvernements modernes et dont ils prétendent tirer leur seule justification ? C'est tout simplement la loi de la matière et de la force brutale, la loi même en vertu de laquelle une masse entraînée par son poids écrase tout ce qui se rencontre sur son passage ; c'est là que se trouve précisément le point de jonction entre la conception « démocratique " et le « matérialisme ", et c'est aussi ce qui fait que cette même conception est si étroitement liée à la mentalité actuelle. C'est le renversement complet de l'ordre normal, puisque c'est la proclamation de la suprématie de la multiplicité comme telle, suprématie qui, en fait, n'existe que dans le monde matériel[24] ; au contraire, dans le monde spirituel, et plus simplement encore dans l'ordre universel, c'est l'unité qui est au sommet de la hiérarchie, car c'est t elle qui est le principe dont sort toute multiplicité[25] ; mais, lorsque le principe est nié ou perdu de vue, il ne reste plus que la multiplicité pure, qui s'identifie à la matière elle-même. D'autre part, l'allusion que nous venons de faire à la pesanteur implique plus qu'une simple comparaison, car la pesanteur représente effectivement, dans le domaine des forces physiques au sens le plus ordinaire de ce mot, la tendance descendante et compressive, qui entraîne pour l'être une limitation de plus en plus étroite, et qui va en même temps dans le sens de la multiplicité, figurée ici par une densité de plus en plus grande[26] ; et cette tendance est celle-là même qui marque la direction suivant laquelle l'activité humaine s'est développée depuis le début de l'époque moderne. En outre, il y a lieu de remarquer que la matière, par son pouvoir de division et de limitation tout à la fois, est ce que la doctrine scolastique appelle le « principe d'individuation ", et ceci rattache les considérations que nous exposons maintenant à ce que nous avons dit précédemment au sujet de l'individualisme : cette même tendance dont il vient d'être question est aussi, pourrait-on dire, la tendance « individualisante ", celle selon laquelle s'effectue ce que la tradition judéo-chrétienne désigne comme la « chute " des êtres qui se sont séparés de l'unité originelle| [27] | . La multiplicité envisagée en dehors de son principe, et qui ainsi ne peut plus être ramenée à l'unité, c'est, dans l'ordre social, la collectivité conçue comme étant simplement la somme arithmétique des individus qui la composent, et qui n'est en effet que cela dès lors qu'elle n'est rattachée à aucun principe supérieur aux individus ; et la loi de la collectivité, sous ce rapport, c'est bien cette loi du plus grand nombre sur laquelle se fonde l'idée « démocratique ".

Ici, il faut nous arrêter un instant pour dissiper une confusion possible : en parlant de l'individualisme moderne, nous avons considéré à peu près exclusivement ses manifestations dans l'ordre intellectuel ; on pourrait croire que, pour ce qui est de l'ordre social, le cas est tout différent. En effet, si l'on prenait ce mot d' « individualisme " dans son acception la plus étroite, on pourrait être tenté d'opposer la collectivité à l'individu, et de penser que des faits tels que le rôle de plus en plus envahissant de l'État et la complexité croissante des institutions sociales sont la marque d'une tendance contraire à l'individualisme. En réalité, il n'en est rien, car la collectivité, n'étant pas autre chose que la somme des individus, ne peut être opposée à ceux-ci, pas plus d'ailleurs que l'État lui-même conçu à la façon moderne, c'est-à-dire comme simple représentation de la masse, où ne se reflète aucun principe supérieur ; or c'est précisément dans la négation de tout principe supra-individuel que consiste véritablement l'individualisme tel que nous l'avons défini. Donc, s'il y a dans le domaine social des conflits entre diverses tendances qui toutes appartiennent également à l'esprit moderne, ces conflits ne sont pas entre l'individualisme et quelque chose d'autre, mais simplement entre les variétés multiples dont l'individualisme lui-même est susceptible ; et il est facile de se rendre compte que, en l'absence de tout principe capable d'unifier réellement la multiplicité, de tels conflits doivent être plus nombreux et plus graves à notre époque qu'ils ne l'ont jamais été, car qui dit individualisme dit nécessairement division ; et cette division, avec l'état chaotique qu'elle engendre, est la conséquence fatale d'une civilisation toute matérielle, puisque c'est la matière elle-même qui est proprement la racine de la division et de la multiplicité.

Cela dit, il nous faut encore insister sur une conséquence immédiate de l'idée « démocratique ", qui est la négation de l'élite entendue dans sa seule acception légitime; ce n'est pas pour rien que « démocratie " s'oppose à « aristocratie ", ce dernier mot désignant précisément, du moins lorsqu'il est pris dans son sens étymologique, le pouvoir de l'élite. Celle-ci, par définition en quelque sorte, ne peut être que le petit nombre, et son pouvoir, son autorité plutôt, qui ne vient que de sa supériorité intellectuelle, n'a rien de commun avec la force numérique sur laquelle repose la « démocratie ", dont le caractère essentiel est de sacrifier la minorité à la majorité, et aussi, par là même, comme nous le disions plus haut, la qualité à la quantité, donc l'élite à la masse. Ainsi, le rôle directeur d'une véritable élite et son existence même, car elle joue forcément ce rôle dès lors qu'elle existe, sont radicalement incompatibles avec la « démocratie ", qui est intimement liée à la conception « égalitaire ", c'est-à-dire à la négation de toute hiérarchie : le fond même de l'idée « démocratique " c'est qu'un individu quelconque en vaut un autre, parce qu'ils sont égaux numériquement, et bien qu'ils ne puissent jamais l'être que numériquement. Une élite véritable, nous l'avons déjà dit, ne peut être qu'intellectuelle ; c'est pourquoi la «

démocratie " ne peut s'instaurer que là où la pure intellectualité n'existe plus, ce qui est effectivement le cas du monde moderne. Seulement, comme l'égalité est impossible en fait, et comme on ne peut supprimer pratiquement toute différence entre les hommes, en dépit de tous les efforts de nivellement, on en arrive, par un curieux illogisme, à inventer de fausses élites, d'ailleurs multiples, qui prétendent se substituer à la seule élite réelle ; et ces fausses élites sont basées sur la considération de supériorités quelconques, éminemment relatives et contingentes, et toujours d'ordre purement matériel. On peut s'en apercevoir aisément en remarquant que la distinction sociale qui compte le plus, dans le présent état de choses, est celle qui se fonde sur la fortune, c'est-à-dire sur une supériorité tout extérieure et d'ordre exclusivement quantitatif, la seule en somme qui soit conciliable avec la « démocratie ", parce qu'elle procède du même point de vue. Nous ajouterons du reste que ceux mêmes qui se posent actuellement en adversaires de cet état de choses, ne faisant intervenir non plus aucun principe d'ordre supérieur, sont incapables de remédier efficacement à un tel désordre, si même ils ne risquent de l'aggraver encore en allant toujours plus loin dans le même sens ; la lutte est seulement entre des variétés de la « démocratie ", accentuant plus ou moins la tendance « égalitaire ", comme elle est, ainsi que nous l'avons dit, entre des variétés de l'individualisme, ce qui, d'ailleurs, revient exactement au même.

Ces quelques réflexions nous paraissent suffisantes pour caractériser l'état social du monde contemporain, et pour montrer en même temps que, dans ce domaine aussi bien que dans tous les autres, il ne peut y avoir qu'un seul moyen de sortir du chaos : la restauration de l'intellectualité et, par suite, la reconstitution d'une élite, qui, actuellement, doit être regardée comme inexistante en

Occident, car on ne peut donner ce nom à quelques éléments isolés et sans cohésion, qui ne représentent en quelque sorte que des possibilités non développées. En effet, ces éléments n'ont en général que des tendances ou des aspirations, qui les portent sans doute à réagir contre l'esprit moderne, mais sans que leur influence puisse s'exercer d'une façon effective ; ce qui leur manque, c'est la véritable connaissance, ce sont les données traditionnelles qui ne s'improvisent pas, et auxquelles une intelligence livrée à elle-même, surtout dans des circonstances aussi défavorables à tous égards, ne peut suppléer que très imparfaitement et dans une bien faible mesure. Il n'y a donc que des efforts dispersés et qui souvent s'égarent, faute de principes et de direction doctrinale ; on pourrait dire que le monde moderne se défend par sa propre dispersion, à laquelle ses adversaires eux-mêmes ne parviennent pas à se soustraire. Il en sera ainsi tant que ceux-ci se tiendront sur le terrain « profane ", où l'esprit moderne a un avantage évident, puisque c'est là son domaine propre et exclusif ; et, d'ailleurs, s'ils s'y tiennent, c'est que cet esprit a encore sur eux, malgré tout, une très forte emprise. C'est pourquoi tant de gens, animés cependant d'une incontestable bonne volonté, sont incapables de comprendre qu'il faut nécessairement commencer par les principes, et s'obstinent à gaspiller leurs forces dans tel ou tel domaine relatif, social ou autre, où rien de réel ni de durable ne peut être accompli dans ces conditions. L'élite véritable, au contraire, n'aurait pas à intervenir directement dans ces domaines ni à se mêler à l'action extérieure ; elle dirigerait tout par une influence insaisissable au vulgaire, et d'autant plus profonde qu'elle serait moins apparente. Si l'on songe à la puissance des suggestions dont nous parlions plus haut, et qui pourtant ne supposent aucune intellectualité véritable, on peut soupçonner ce que serait, à plus forte raison, la puissance d'une influence comme celle-là, s'exerçant d'une façon encore plus cachée en raison de sa nature même, et prenant sa source dans l'intellectualité pure, puissance qui d'ailleurs, au lieu d'être amoindrie par la division inhérente à la multiplicité et par la faiblesse que comporte tout ce qui est mensonge ou illusion, serait au contraire intensifiée par la concentration dans l'unité principielle et s'identifierait à la force même de la vérité.

CHAPITRE VII

Une civilisation matérielle

De tout ce qui précède, il nous semble résulter clairement déjà que les Orientaux ont pleinement raison lorsqu'ils reprochent à la civilisation occidentale moderne de n'être qu'une civilisation toute matérielle : c'est bien dans ce sens qu'elle s'est développée exclusivement, et, à quelque point de vue qu'on la considère, on se trouve toujours en présence des conséquences plus ou moins directes de cette matérialisation. Cependant, il nous faut encore compléter ce que nous avons dit sous ce rapport, et tout d'abord nous expliquer sur les différents sens dans lesquels peut être pris un mot comme celui de « matérialisme ", car, si nous l'employons pour caractériser le monde contemporain, certains, qui ne se croient nullement « matérialistes " tout en ayant la prétention d'être très « modernes ", ne manqueront pas de protester et de se persuader que c'est là une véritable calomnie ; une mise au point s'impose donc pour écarter par avance toutes les équivoques qui pourraient se produire à ce sujet.

Il est assez significatif que le mot même de « matérialisme " ne date que du XVIIIE siècle ; il fut inventé par le philosophe Berkeley, qui s'en servit pour désigner toute théorie qui admet l'existence réelle de la matière ; il est à peine besoin de dire que ce n'est pas de cela qu'il s'agit ici, où cette existence n'est nullement en cause. Un peu plus tard, le même mot prit un sens plus restreint, celui qu'il a gardé depuis lors : il caractérisa une conception suivant laquelle il n'existe rien d'autre que la matière et ce qui en procède ; et il y a lieu de noter la nouveauté d'une telle conception, le fait qu'elle est essentiellement un produit de l'esprit moderne, donc qu'elle correspond au moins à une partie des tendances qui sont propres à celui-ci| [28] | . Mais c'est surtout dans une autre acception, beaucoup plus large et cependant très nette, que nous entendons ici parler de « matérialisme " : ce que ce mot représente alors, c'est tout un état d'esprit, dont la conception que nous venons de définir n'est qu'une manifestation parmi beaucoup d'autres, et qui est, en lui-même, indépendant de toute théorie philosophique. Cet état d'esprit, c'est celui qui consiste à donner plus ou moins consciemment la prépondérance aux choses de l'ordre matériel et aux préoccupations qui s'y rapportent, que ces préoccupations gardent encore une certaine apparence spéculative ou qu'elles soient purement pratiques ; et l'on ne peut contester sérieusement que ce soit bien là la mentalité de l'immense majorité de nos contemporains.

Toute la science « profane " qui s'est développée au cours des derniers siècles n'est que l'étude du monde sensible, elle y est enfermée exclusivement, et ses méthodes ne sont applicables qu'à ce seul domaine ; or ces méthodes sont proclamées « scientifiques " à l'exclusion de toute autre, ce qui revient à nier toute science qui ne se rapporte pas aux choses matérielles. Parmi ceux qui pensent ainsi, et même parmi ceux qui se sont consacrés spécialement aux sciences dont il s'agit, il en est cependant beaucoup qui refuseraient de se déclarer « matérialistes " et d'adhérer à la théorie philosophique qui porte ce nom ; il en est même qui font volontiers une profession de foi religieuse dont la sincérité n'est pas douteuse ; mais leur attitude « scientifique " ne diffère pas sensiblement de celle des matérialistes avérés. On a souvent discuté, au point de vue religieux, la question de savoir si la science moderne devait être dénoncée comme athée ou comme matérialiste, et, le plus souvent, on l'a fort mal posée ; il est bien certain que cette science ne fait pas expressément profession d'athéisme ou de matérialisme, qu'elle se borne à ignorer de parti pris certaines choses sans se prononcer à leur égard par une négation formelle comme le font tels ou tels philosophes ; on ne peut donc, en ce qui la concerne, parler que d'un matérialisme de fait, de ce que nous appellerions volontiers un matérialisme pratique ; mais le mal n'en est peut-être que plus grave, parce qu'il est plus profond et plus étendu. Une attitude philosophique peut être quelque chose de très superficiel, même chez les philosophes « professionnels " ; de plus, il y a des esprits qui reculeraient devant la négation, mais qui s'accommodent d'une complète indifférence ; et celle-ci est ce qu'il y a de plus redoutable, car, pour nier une chose, il faut encore y penser, si peu que ce soit, tandis qu'ici on en arrive à ne plus y penser en aucune façon. Quand on voit une science exclusivement matérielle se présenter comme la seule science possible, quand les hommes sont habitués à admettre comme une vérité indiscutable qu'il ne peut y avoir de connaissance valable en dehors de celle-là, quand toute l'éducation qui leur est donnée tend à leur inculquer la superstition de cette science, ce qui est proprement le « scientisme ", comment ces hommes pourraient-ils ne pas être pratiquement matérialistes, c'est-à-dire ne pas avoir toutes leurs préoccupations tournées du côté de la matière ?

Pour les modernes, rien ne semble exister en dehors de ce qui peut se voir et se toucher, ou du moins, même s'ils admettent théoriquement qu'il peut exister quelque chose d'autre, ils s'empressent de le déclarer, non seulement inconnu, mais « inconnaissable ", ce qui les dispense de s'en occuper. S'il en est pourtant qui cherchent à se faire quelque idée d'un « autre monde ", comme ils ne font pour cela appel qu'à l'imagination, ils se le représentent sur le modèle du monde terrestre et y transportent toutes les conditions d'existence qui sont propres à celui-ci, y compris l'espace et le temps, voire même une sorte de « corporéité " ; nous avons montré ailleurs, dans les conceptions spirites, des exemples particulièrement frappants de ce genre de représentations grossièrement matérialisées ; mais, si c'est là un cas extrême, où ce caractère est exagéré jusqu'à la caricature, ce serait une erreur de croire que le spiritisme et les sectes qui lui sont plus ou moins apparentées ont le monopole de ces sortes de choses. Du reste, d'une façon plus générale, l'intervention de l'imagination dans les domaines où elle ne peut rien donner, et qui devraient normalement lui être interdits, est un fait qui montre fort nettement l'incapacité des Occidentaux modernes à s'élever au-dessus du sensible ; beaucoup ne savent faire aucune différence entre « concevoir " et « imaginer ", et certains philosophes, tels que Kant, vont jusqu'à déclarer « inconcevable " ou « impensable " tout ce qui n'est pas susceptible de représentation. Aussi tout ce qu'on appelle « spiritualisme " ou « idéalisme " n'est-il, le plus souvent, qu'une sorte de matérialisme transposé ; cela n'est pas vrai seulement de ce que nous avons désigné sous le nom de « néospiritualisme ", mais aussi du spiritualisme philosophique lui-même, qui se considère pourtant comme l'opposé du matérialisme. À vrai dire, spiritualisme et matérialisme, entendus au sens philosophique, ne peuvent se comprendre l'un sans l'autre : ce sont simplement les deux moitiés du dualisme cartésien, dont la séparation radicale a été transformée en une sorte d'antagonisme ; et, depuis lors, toute la philosophie oscille entre ces deux termes sans pouvoir les dépasser. Le spiritualisme, en dépit de son nom, n'a rien de commun avec la spiritualité ; son débat avec le matérialisme ne peut que laisser parfaitement indifférents ceux qui se placent à un point de vue supérieur, et qui voient que ces contraires sont, au fond, bien près d'être de simples équivalents, dont la prétendue opposition, sur beaucoup de points, se réduit à une vulgaire dispute de mots.

Les modernes, en général, ne conçoivent pas d'autre science que celle des choses qui se mesurent, se comptent et se pèsent, c'est-à-dire encore, en somme, des choses matérielles, car c'est à celles-ci seulement que peut s'appliquer le point de vue quantitatif ; et la prétention de réduire la qualité à la quantité est très caractéristique de la science moderne. On en est arrivé, dans ce sens, à croire qu'il n'y a pas de science proprement dite là où il n'est pas possible d'introduire la mesure, et qu'il n'y a de lois scientifiques que celles qui expriment des relations quantitatives ; le « mécanisme " de Descartes a marqué le début de cette tendance, qui n'a fait que s'accentuer depuis lors, en dépit de l'échec de la physique cartésienne, car elle n'est pas liée à une théorie déterminée, mais à une conception générale de la connaissance scientifique. On veut aujourd'hui appliquer la mesure jusque dans le domaine psychologique, qui lui échappe cependant par sa nature même ; on finit par ne plus comprendre que la possibilité de la mesure ne repose que sur une propriété inhérente à la matière, et qui est sa divisibilité indéfinie, à moins qu'on ne pense que cette propriété s'étend à tout ce qui existe, ce qui revient à matérialiser toutes choses. C'est la matière, nous l'avons déjà dit, qui est principe de division et multiplicité pure ; la prédominance attribuée au point de vue de la quantité, et qui, comme nous l'avons montré précédemment, se retrouve jusque dans le domaine social, est donc bien du matérialisme au sens que nous indiquions plus haut, quoiqu'elle ne soit pas nécessairement liée au matérialisme philosophique, qu'elle a d'ailleurs précédé dans le développement des tendances de l'esprit moderne. Nous n'insisterons pas sur ce qu'il y a d'illégitime à vouloir ramener la qualité à la quantité, ni sur ce qu'ont d'insuffisant toutes les tentatives d'explication qui se rattachent plus ou moins au type « mécaniste " ; ce n'est pas là ce que nous nous proposons, et nous noterons seulement, à cet égard, que, même dans l'ordre sensible, une science de ce genre n'a que fort peu de rapport avec la réalité, dont la partie la plus considérable lui échappe nécessairement.

À propos de « réalité ", nous sommes amené à mentionner un autre fait, qui risque de passer inaperçu pour beaucoup, mais qui est très digne de remarque comme signe de l'état d'esprit dont nous parlons : c'est que ce nom, dans l'usage courant, est exclusivement réservé à la seule réalité sensible. Comme le langage est l'expression de la mentalité d'un peuple et d'une époque, il faut conclure de là que, pour ceux qui parlent ainsi, tout ce qui ne tombe pas sous les sens est « irréel ", c'est-à-dire illusoire ou même tout à fait inexistant ; il se peut qu'ils n'en aient pas clairement conscience, mais cette conviction négative n'en est pas moins au fond d'eux-mêmes, et, s'ils affirment le contraire, on peut être sûr, bien qu'ils ne s'en rendent pas compte, que cette affirmation ne répond chez eux qu'à quelque chose de beaucoup plus extérieur, si même elle n'est purement verbale. Si l'on est tenté de croire que nous exagérons, on n'aura qu'à chercher à voir par exemple à quoi se réduisent les prétendues convictions religieuses de bien des gens : quelques notions apprises par cœur, d'une façon toute scolaire et machinale, qu'ils ne se sont nullement assimilées, auxquelles ils n'ont même jamais réfléchi le moins du monde, mais qu'ils gardent dans leur mémoire et qu'ils répètent à l'occasion parce qu'elles font partie d'un certain formalisme, d'une attitude conventionnelle qui est tout ce qu'ils peuvent comprendre sous le nom de religion. Nous avons déjà parlé plus haut de cette « minimisation " de la religion, dont le « verbalisme " en question représente un des derniers degrés ; c'est elle qui explique que de soi-disant « croyants ", en fait de matérialisme pratique, ne le cèdent en rien aux « incroyants " ; nous reviendrons encore là-dessus, mais, auparavant, il nous faut en finir avec les considérations qui concernent le caractère matérialiste de la science moderne, car c'est là une question qui demande à être envisagée sous différents aspects.

Il nous faut rappeler encore, quoique nous l'ayons déjà indiqué, que les sciences modernes n'ont pas un caractère de connaissance désintéressée, et que, même pour ceux qui croient à leur valeur spéculative, celle-ci n'est guère qu'un masque sous lequel se cachent des préoccupations toutes pratiques, mais qui permet de garder l'illusion d'une fausse intellectualité. Descartes lui-même, en constituant sa physique, songeait surtout à en tirer une mécanique, une médecine et une morale ; et, avec la diffusion de l'empirisme anglo-saxon, ce fut bien autre chose encore ; du reste, ce qui fait le prestige de la science aux yeux du grand public, ce sont à peu près uniquement les résultats pratiques qu'elle permet de réaliser, parce que, là encore, il s'agit de choses qui peuvent se voir et se toucher. Nous disions que le « pragmatisme " représente l'aboutissement de toute la philosophie moderne et son dernier degré d'abaissement ; mais il y a aussi, et depuis plus longtemps, en dehors de la philosophie, un « pragmatisme " diffus et non systématisé, qui est à l'autre ce que le matérialisme pratique est au matérialisme théorique, et qui se confond avec ce que le vulgaire appelle le « bon sens ". Cet utilitarisme presque instinctif est d'ailleurs inséparable de la tendance matérialiste : le « bon sens " consiste à ne pas dépasser l'horizon terrestre, aussi bien qu'à ne pas s'occuper de tout ce qui n'a pas d'intérêt pratique immédiat ; c'est pour lui surtout que le monde sensible seul est « réel ", et qu'il n'y a pas de connaissance qui ne vienne des sens ; pour lui aussi, cette connaissance restreinte ne vaut que dans la mesure où elle permet de donner satisfaction à des besoins matériels, et parfois à un certain sentimentalisme, car, il faut le dire nettement au risque de choquer le « moralisme " contemporain, le sentiment est en réalité tout près de la matière. Dans tout cela, il ne reste aucune place à l'intelligence, sinon en tant qu'elle consent à s'asservir à la réalisation de fins pratiques, à n'être plus qu'un simple instrument soumis aux exigences de la partie inférieure et corporelle de l'individu humain, ou, suivant une singulière expression de Bergson, « un outil à faire des outils " ; ce qui fait le « pragmatisme " sous toutes ses formes, c'est l'indifférence totale à l'égard de la vérité.

Dans ces conditions, l'industrie n'est plus seulement une application de la science, application dont celle-ci devrait, en elle-même, être totalement indépendante ; elle en devient comme la raison d'être et la justification, de sorte que, ici encore, les rapports normaux se trouvent renversés. Ce à quoi le monde moderne a appliqué toutes ses forces, même quand il a prétendu faire de la science à sa façon, ce n'est en réalité rien d'autre que le développement de l'industrie et du « machinisme " ; et, en voulant ainsi dominer la matière et la ployer à leur usage, les hommes n'ont réussi qu'à s'en faire les esclaves, comme nous le disions au début : non seulement ils ont borné leurs ambitions intellectuelles, s'il est encore permis de se servir de ce mot en pareil cas, à inventer et à construire des machines, mais ils ont fini par devenir véritablement machines eux-mêmes. En effet, la « spécialisation ", si vantée par certains sociologues sous le nom de « division du travail ", ne s'est pas imposée seulement aux savants, mais aussi aux techniciens et même aux ouvriers, et, pour ces derniers, tout travail intelligent est par là rendu impossible ; bien différents des artisans d'autrefois, ils ne sont plus que les serviteurs des machines, ils font pour ainsi dire corps avec elles ; ils doivent répéter sans cesse, d'une façon toute mécanique, certains mouvements déterminés, toujours les mêmes, et toujours accomplis de la même façon, afin d'éviter la moindre perte de temps ; ainsi le veulent du moins les méthodes américaines qui sont regardées comme représentant le plus haut degré du « progrès ". En effet, il s'agit uniquement de produire le plus possible ; on se soucie peu de la qualité, c'est la quantité seule qui importe ; nous revenons une fois de plus à la même constatation que nous avons déjà faite en d'autres domaines : la civilisation moderne est vraiment ce qu'on peut appeler une civilisation quantitative, ce qui n'est qu'une autre façon de dire qu'elle est une civilisation matérielle.

Si l'on veut se convaincre encore davantage de cette vérité, on n'a qu'à voir le rôle immense que jouent aujourd'hui, dans l'existence des peuples comme dans celle des individus, les éléments d'ordre économique : industrie, commerce, finances, il semble qu'il n'y ait que cela qui compte, ce qui s'accorde avec le fait déjà signalé que la seule distinction sociale qui ait subsisté est celle qui se fonde sur la richesse matérielle. Il semble que le pouvoir financier domine toute politique, que la concurrence commerciale exerce une influence prépondérante sur les relations entre les peuples ; peut-être n'est-ce là qu'une apparence, et ces choses sont-elles ici moins de véritables causes que de simples moyens d'action ; mais le choix de tels moyens indique bien le caractère de l'époque à laquelle ils conviennent. D'ailleurs, nos contemporains sont persuadés que les circonstances économiques sont à peu près les uniques facteurs des événements historiques, et ils s'imaginent même qu'il en a toujours été ainsi ; on est allé en ce sens jusqu'à inventer une théorie qui veut tout expliquer par là exclusivement, et qui a reçu l'appellation significative de « matérialisme historique ". On peut voir là encore l'effet d'une de ces suggestions auxquelles nous faisions allusion plus haut, suggestions qui agissent d'autant mieux qu'elles correspondent aux tendances de la mentalité générale ; et l'effet de cette suggestion est que les moyens économiques finissent par déterminer réellement presque tout ce qui se produit dans le domaine social. Sans doute, la masse a toujours été menée d'une façon ou d'une autre, et l'on pourrait dire que son rôle historique consiste surtout à se laisser mener, parce qu'elle ne représente qu'un élément passif, une « matière " au sens aristotélicien ; mais aujourd'hui il suffit, pour la mener, de disposer de moyens purement matériels, cette fois au sens ordinaire du mot, ce qui montre bien le degré d'abaissement de notre époque ; et, en même temps, on fait croire à cette masse qu'elle n'est pas menée, qu'elle agit spontanément et qu'elle se gouverne elle-même, et le fait qu'elle le croit permet d'entrevoir jusqu'où peu t aller son inintelligence.

Pendant que nous en sommes à parler des facteurs économiques, nous en profiterons pour signaler une illusion trop répandue à ce sujet, et qui consiste à s'imaginer que les relations établies sur le terrain des échanges commerciaux peuvent servir à un rapprochement et à une entente entre les peuples, alors que, en réalité, elles ont exactement l'effet contraire. La matière, nous l'avons déjà dit bien des fois, est essentiellement multiplicité et division, donc source de luttes et de conflits ; aussi, qu'il s'agisse des peuples ou des individus, le domaine économique n'est-il et ne peut-il être que celui des rivalités d'intérêts. En particulier, l'Occident n'a pas à compter sur l'industrie, non plus que sur la science moderne dont elle est inséparable, pour trouver un terrain d'entente avec l'Orient ; si les Orientaux en arrivent à accepter cette industrie comme une nécessité fâcheuse et d'ailleurs transitoire, car, pour eux, elle ne saurait être rien de plus, ce ne sera jamais que comme une arme leur permettant de résister à l'envahissement occidental et de sauvegarder leur propre existence. Il importe que l'on sache bien qu'il ne peut en être autrement : les Orientaux qui se résignent à envisager une concurrence économique vis-à-vis de l'Occident, malgré la répugnance qu'ils éprouvent pour ce genre d'activité, ne peuvent le faire qu'avec une seule intention, celle de se débarrasser d'une domination étrangère qui ne s'appuie que sur la force brutale, sur la puissance matérielle que l'industrie met précisément à sa disposition ; la violence appelle la violence, mais on devra reconnaître que ce ne sont certes pas les Orientaux qui auront recherché la lutte sur ce terrain.

Du reste, en dehors de la question des rapports de l'Orient et de l'Occident, il est facile de constater qu'une des plus notables conséquences du développement industriel est le perfectionnement incessant des engins de guerre et l'augmentation de leur pouvoir destructif dans de formidables proportions. Cela seul devrait suffire à anéantir les rêveries « pacifistes " de certains admirateurs du « progrès " moderne ; mais les rêveurs et les « idéalistes " sont incorrigibles, et leur naïveté semble n'avoir pas de bornes. L' « humanitarisme " qui est si fort à la mode ne mérite assurément pas d'être pris au sérieux ; mais il est étrange qu'on parle tant de la fin des guerres à une époque où elles font plus de ravages qu'elles n'en ont jamais fait, non seulement à cause de la multiplication des moyens de destruction, mais aussi parce que, au lieu de se dérouler entre des armées peu nombreuses et composées uniquement de soldats de métier, elles jettent les uns contre les autres tous les individus indistinctement, y compris les moins qualifiés pour remplir une semblable fonction. C'est là encore un exemple frappant de la confusion moderne, et il est véritablement prodigieux, pour qui veut y réfléchir, qu'on en soit arrivé à considérer comme toute naturelle une « levée en masse " ou une « mobilisation générale ", que l'idée d'une « nation armée " ait pu s'imposer à tous les esprits, à de bien rares exceptions près. On peut aussi voir là un effet de la croyance à la seule force du nombre : il est conforme au caractère quantitatif de la civilisation moderne de mettre en mouvement des masses énormes de combattants ; et, en même temps, l' « égalitarisme " y trouve son compte, aussi bien que dans des institutions comme celles de l' « instruction obligatoire " et du « suffrage universel ". Ajoutons encore que ces guerres généralisées n'ont été rendues possibles que par un autre phénomène spécifiquement moderne, qui est la constitution des « nationalités ", conséquence de la destruction du régime féodal, d'une part, et, d'autre part, de la rupture simultanée de l'unité supérieure de la « Chrétienté " du moyen âge ; et, sans nous attarder à des considérations qui nous entraîneraient trop loin, notons aussi, comme circonstance aggravante, la méconnaissance d'une autorité spirituelle pouvant seule exercer normalement un arbitrage efficace, parce qu'elle est, par sa nature même, au-dessus de tous les conflits d'ordre politique. La négation de l'autorité spirituelle, c'est encore du matérialisme pratique ; et ceux mêmes qui prétendent reconnaître une telle autorité en principe lui dénient en fait toute influence réelle et tout pouvoir d'intervenir dans le domaine social, exactement de la même façon qu'ils établissent une cloison étanche entre la religion et les préoccupations ordinaires de leur existence ; qu'il s'agisse de la vie publique ou de la vie privée, c'est bien le même état d'esprit qui s'affirme dans les deux cas.

En admettant que le développement matériel ait quelques avantages, d'ailleurs à un point de vue très relatif, on peut, lorsqu'on envisage des conséquences comme celles que nous venons de signaler, se demander si ces avantages ne sont pas dépassés de beaucoup par les inconvénients. Nous ne parlons même pas de tout ce qui a été sacrifié à ce développement exclusif, et qui valait incomparablement plus ; nous ne parlons pas des connaissances supérieures oubliées, de l'intellectualité détruite, de la spiritualité disparue ; nous prenons simplement la civilisation moderne en elle-même, et nous disons que, si l'on mettait en parallèle les avantages et les inconvénients de ce qu'elle a produit, le résultat risquerait fort d'être négatif. Les inventions qui vont en se multipliant actuellement avec une rapidité toujours croissante sont d'autant plus dangereuses qu'elles mettent en jeu des forces dont la véritable nature est entièrement inconnue de ceux mêmes qui les utilisent ; et cette ignorance est la meilleure preuve de la nullité de la science moderne sous le rapport de la valeur explicative, donc en tant que connaissance, même bornée au seul domaine physique ; en même temps, le fait que les applications pratiques ne sont nullement empêchées par là montre que cette science est bien orientée uniquement dans un sens intéressé, que c'est l'industrie qui est le seul but réel de toutes ses recherches. Comme le danger des inventions, même de celles qui ne sont pas expressément destinées à jouer un rôle funeste à l'humanité, et qui n'en causent pas moins tant de catastrophes, sans parler des troubles insoupçonnés qu'elles provoquent dans l'ambiance terrestre, comme ce danger, disons-nous, ne fera sans doute qu'augmenter encore dans des proportions difficiles à déterminer, il est permis de penser, sans trop d'invraisemblance, ainsi que nous l'indiquions déjà précédemment, que c'est peut-être par là que le monde moderne en arrivera à se détruire lui-même, s'il est incapable de s'arrêter dans cette voie pendant qu'il est encore temps.

Mais il ne suffit pas de faire, en ce qui concerne les inventions modernes, les réserves qui s'imposent en raison de leur côté dangereux, et il faut aller plus loin : les prétendus « bienfaits " de ce qu'on est convenu d'appeler le « progrès ", et qu'on pourrait en effet consentir à désigner ainsi si l'on prenait soin de bien spécifier qu'il ne s'agit que d'un progrès tout matériel, ces « bienfaits " tant vantés ne sont-ils pas en grande partie illusoires ? Les hommes de notre époque prétendent par là accroître leur « bien-être " ; nous pensons, pour notre part, que le but qu'ils se proposent ainsi, même s'il était atteint réellement, ne vaut pas qu'on y consacre tant d'efforts ; mais, de plus, il nous semble très contestable qu'il soit atteint. Tout d'abord, il faudrait tenir compte du fait que tous les hommes n'ont pas les mêmes goûts ni les mêmes besoins, qu'il en est encore malgré tout qui voudraient échapper à l'agitation moderne, à la folie de la vitesse, et qui ne le peuvent plus ; osera-t-on soutenir que, pour ceux-là, ce soit un « bienfait " que de leur imposer ce qui est le plus contraire à leur nature ? On dira que ces hommes sont peu nombreux aujourd'hui, et on se croira autorisé par là à les tenir pour quantité négligeable ; là comme dans le domaine politique, la majorité s'arroge le droit d'écraser les minorités, qui, à ses yeux, ont évidemment tort d'exister, puisque cette existence même va à l'encontre de la manie « égalitaire " de l'uniformité. Mais, si l'on considère l'ensemble de l'humanité au lieu de se borner au monde occidental, la question change d'aspect : la majorité de tout à l'heure ne vat-elle pas devenir une minorité ? Aussi n'est-ce plus le même argument qu'on fait valoir dans ce cas, et, par une étrange contradiction, c'est au nom de leur « supériorité " que ces « égalitaires " veulent imposer leur civilisation au reste du monde, et qu'ils vont porter le trouble chez des gens qui ne leur demandaient rien ; et, comme cette « supériorité " n'existe qu'au point de vue matériel, il est tout naturel qu'elle s'impose par les moyens les plus brutaux. Qu'on ne s'y méprenne pas d'ailleurs : si le grand public admet de bonne foi ces prétextes de « civilisation ", il en est certains pour qui ce n'est qu'une simple hypocrisie « moraliste ", un masque de l'esprit de conquête et des intérêts économiques ; mais quelle singulière époque que celle où tant d'hommes se laissent persuader qu'on fait le bonheur d'un peuple en l'asservissant, en lui enlevant ce qu'il a de plus précieux, c'est-à-dire sa propre civilisation, en l'obligeant à adopter des mœurs et des institutions qui sont faites pour une autre race, et en l'astreignant aux travaux les plus pénibles pour lui faire acquérir des choses qui lui sont de la plus parfaite inutilité ! Car c'est ainsi : l'Occident moderne ne peut tolérer que des hommes préfèrent travailler moins et se contenter de peu pour vivre ; comme la quantité seule compte, et comme ce qui ne tombe pas sous les sens est d'ailleurs tenu pour inexistant, il est admis que celui qui ne s'agite pas et qui ne produit pas matériellement ne peut être qu'un « paresseux " ; sans même parler à cet égard des appréciations portées couramment sur les peuples orientaux, il n'y a qu'à voir comment sont jugés les ordres contemplatifs, et cela jusque dans des milieux soi-disant religieux. Dans un tel monde, il n'y a plus aucune place pour l'intelligence ni pour tout ce qui est purement intérieur, car ce sont là des choses qui ne se voient ni ne se touchent, qui ne se comptent ni ne se pèsent ; il n'y a de place que pour l'action extérieure sous toutes ses formes, y compris les plus dépourvues de toute signification. Aussi ne faut-il pas s'étonner que la manie anglo-saxonne du « sport " gagne chaque jour du terrain : l'idéal de ce monde, c'est l' « animal humain " qui a développé au maximum sa force musculaire ; ses héros, ce sont les athlètes, fussent-ils des brutes ; ce sont ceux-là qui suscitent l'enthousiasme populaire, c'est pour leurs exploits que les foules se passionnent ; un monde où l'on voit de telles choses est vraiment tombé bien bas et semble bien près de sa fin.

Cependant, plaçons-nous pour un instant au point de vue de ceux qui mettent leur idéal dans le « bien-être " matériel, et qui, à ce titre, se réjouissent de toutes les améliorations apportées à l'existence par le « progrès " moderne ; sont-ils bien sûrs de n'être pas dupes ? Est-il vrai que les hommes soient plus heureux aujourd'hui qu'autrefois, parce qu'ils disposent de moyens de communication plus rapides ou d'autres choses de ce genre, parce qu'ils ont une vie plus agitée et plus compliquée ? Il nous semble que c'est tout le contraire : le déséquilibre ne peut être la condition d'un véritable bonheur ; d'ailleurs, plus un homme a de besoins, plus il risque de manquer de quelque chose, et par conséquent d'être malheureux ; la civilisation moderne vise à multiplier les besoins artificiels, et, comme nous le disions déjà plus haut, elle créera toujours plus de besoins qu'elle n'en pourra satisfaire, car, une fois qu'on s'est engagé dans cette voie, il est bien difficile de s'y arrêter, et il n'y a même aucune raison de s'arrêter à un point déterminé. Les hommes ne pouvaient éprouver aucune souffrance d'être privés de choses qui n'existaient pas et auxquelles ils n'avaient jamais songé ; maintenant, au contraire, ils souffrent forcément si ces choses leur font défaut, puisqu'ils se sont habitués à les regarder comme nécessaires, et que, en fait, elles leur sont vraiment devenues nécessaires. Aussi s'efforcent-ils, par tous les moyens, d'acquérir ce qui peut leur procurer toutes les satisfactions matérielles, les seules qu'ils soient capables d'apprécier : il ne s'agit que de « gagner de l'argent ", parce que c'est là ce qui permet d'obtenir des choses, et plus on en a, plus on veut en avoir encore, parce qu'on se découvre sans cesse des besoins nouveaux ; et cette passion devient l'unique but de toute la vie. De là la concurrence féroce que certains « évolutionnistes " ont élevée à à la dignité de loi scientifique sous le nom de « lutte pour la vie ", et dont la conséquence logique est que les plus forts, au sens le plus étroitement matériel de ce mot, ont seuls droit à l'existence. De là aussi l'envie et même la haine dont ceux qui possèdent la richesse sont l'objet de la part de ceux qui en sont dépourvus ; comment des hommes à qui on a prêché les théories « égalitaires " pourraient-ils ne pas se révolter en constatant autour d'eux l'inégalité sous la forme qui doit leur être la plus sensible, parce qu'elle est de l'ordre le plus grossier ? Si la civilisation moderne devait s'écrouler quelque jour sous la poussée des appétits désordonnés qu'elle a fait naître dans la masse, il faudrait être bien aveugle pour n'y pas voir le juste châtiment de son vice fondamental, ou, pour parler sans aucune phraséologie morale, le « choc en retour " de sa propre action dans le domaine même où elle s'est exercée. Il est dit dans l'Évangile : « Celui qui frappe avec l'épée périra par l'épée " ; celui qui déchaîne les forces brutales de la matière périra écrasé par ces mêmes forces, dont il n'est plus maître lorsqu'il les a imprudemment mises en mouvement, et qu'il ne peut se vanter de retenir indéfiniment dans leur marche fatale ; forces de la nature ou forces des masses humaines, ou les unes et les autres tout ensemble, peu importe, ce sont toujours les lois de la matière qui entrent en jeu et qui brisent inexorablement celui qui a cru pouvoir les dominer sans s'élever lui-même au-dessus de la matière. Et l'Évangile dit encore : « Toute maison divisée contre elle-même s'écroulera " ; cette parole aussi s'applique exactement au monde moderne, avec sa civilisation cl qui ne peut, par sa nature même, que susciter partout la lutte et la division. La conclusion est trop facile à tirer, et il n'est pas besoin de faire appel à d'autres considérations pour pouvoir, sans crainte de se tromper, prédire à ce monde une fin tragique, à moins qu'un changement radical, allant jusqu'à un véritable retournement, ne survienne à brève échéance. Nous savons bien que certains nous reprocheront d'avoir, en parlant du matérialisme de la civilisation moderne comme nous venons de le faire, négligé certains éléments qui semblent constituer tout au moins une atténuation à ce matérialisme ; et en effet, s'il n'y en avait pas, il est fort probable que cette civilisation aurait déjà péri lamentablement. Nous ne contestons donc nullement l'existence de tels éléments, mais encore ne faut-il pas s'illusionner à ce sujet : d'une part, nous n'avons pas à y faire entrer tout ce qui, dans le domaine philosophique, se présente sous des étiquettes comme celles de « spiritualisme " et d' « idéalisme ", non plus que tout ce qui, dans les tendances contemporaines, n'est que « moralisme " et « sentimentalisme " ; nous nous sommes déjà suffisamment expliqué là-dessus, et nous rappellerons simplement que ce sont là, pour nous, des points de vue tout aussi « profanes " que celui du matérialisme théorique ou pratique, et qui s'en éloignent beaucoup moins en réalité qu'en apparence ; d'autre part, s'il y a encore des restes de spiritualité véritable, c'est malgré l'esprit moderne et contre lui qu'ils ont subsisté jusqu'ici. Ces restes de spiritualité, c'est seulement, pour tout ce qui est proprement occidental, dans l'ordre religieux qu'il est possible de les trouver ; mais nous avons déjà dit combien la religion est aujourd'hui amoindrie, combien ses fidèles eux-mêmes s'en font une conception étroite et médiocre, et à quel point on en a éliminé l'intellectualité, qui ne fait qu'un avec la vraie spiritualité ; dans ces conditions, si certaines possibilités demeurent encore, ce n'est guère qu'à l'état latent, et, dans le présent, leur rôle effectif se réduit à bien peu de chose. Il n'en faut pas moins admirer la vitalité d'une tradition religieuse qui, même ainsi résorbée dans une sorte de virtualité, persiste en dépit de tous les efforts qui ont été tentés depuis plusieurs siècles pour l'étouffer et l'anéantir ; et, si l'on savait réfléchir, on verrait qu'il y a dans cette résistance quelque chose qui implique une puissance « non-humaine " ; mais, encore une fois, cette tradition n'appartient pas au monde moderne, elle n'est pas un de ses éléments constitutifs, elle est le contraire même de ses tendances et de ses aspirations. Cela, il faut le dire franchement, et ne pas chercher de vaines conciliations : entre l'esprit religieux, au vrai sens de ce mot, et l'esprit moderne, il ne peut y avoir qu'antagonisme ; toute compromission ne peut qu'affaiblir le premier et profiter au second, dont l'hostilité ne sera pas pour cela désarmée, car il ne peut vouloir que la destruction complète de tout ce qui, dans l'humanité, reflète une réalité supérieure à l'humanité. On dit que l'Occident moderne est chrétien, mais c'est là une erreur : l'esprit moderne est antichrétien, parce qu'il est essentiellement antireligieux ; et il est antireligieux parce que, plus généralement encore, il est anti-traditionnel ; c'est là ce qui constitue son caractère propre, ce qui le fait être ce qu'il est. Certes, quelque chose du Christianisme est passé jusque dans la civilisation antichrétienne de notre époque, dont les représentants les plus « avancés ", comme ils disent dans leur langage spécial, ne peuvent faire qu'ils n'aient subi et qu'ils ne subissent encore, involontairement et peut-être inconsciemment, une certaine influence chrétienne, au moins indirecte ; il en est ainsi parce qu'une rupture avec le passé, si radicale qu'elle soit, ne peut jamais être absolument complète et telle qu'elle supprime toute continuité. Nous irons même plus loin, et nous dirons que tout ce qu'il peut y avoir de valable dans le monde moderne lui est venu du Christianisme, ou tout au moins à travers le Christianisme, qui a apporté avec lui tout l'héritage des traditions antérieures, qui l'a conservé vivant autant que l'a permis l'état de l'Occident, et qui en porte toujours en lui-même les possibilités latentes ; mais qui donc, aujourd'hui, même parmi ceux qui s'affirment chrétiens, a encore la conscience effective de ces possibilités ? Où sont, même dans le Catholicisme, les hommes qui connaissent le sens profond de la doctrine qu'ils professent extérieurement, qui ne se contentent pas de « croire " d'une façon plus ou moins superficielle, et plus par le sentiment que par l'intelligence, mais qui « savent " réellement la vérité de la tradition religieuse qu'ils considèrent comme leur ? Nous voudrions avoir la preuve qu'il en existe au moins quelques-uns, car ce serait là, pour l'Occident, le plus grand et peut-être le seul espoir de salut ; mais nous devons avouer que, jusqu'ici, nous n'en avons point encore rencontré ; faut-il supposer que, comme certains sages de l'Orient, ils se tiennent cachés en quelque retraite presque inaccessible, ou faut-il renoncer définitivement à ce dernier espoir ? L'Occident a été chrétien au moyen âge, mais il ne l'est plus ; si l'on dit qu'il peut encore le redevenir, nul ne souhaite plus que nous qu'il en soit ainsi, et que cela arrive à un jour plus proche que ne le ferait penser tout ce que nous voyons autour de nous ; mais qu'on ne s'y trompe pas : ce jour-là, le monde moderne aura vécu.

CHAPITRE VIII

L'envahissement occidental

Le désordre moderne, nous l'avons dit, a pris naissance en Occident, et, jusqu'à ces dernières années, il y était toujours demeuré strictement localisé ; mais maintenant il se produit un fait dont la gravité ne doit pas être dissimulée : c'est que ce désordre s'étend partout et semble gagner jusqu'à l'Orient. Certes, l'envahissement occidental n'est pas une chose toute récente, mais il se bornait jusqu'ici à une domination plus ou moins brutale exercée sur les autres peuples, et dont les effets étaient limités au domaine politique et économique ; en dépit de tous les efforts d'une propagande revêtant des formes multiples, l'esprit oriental était impénétrable à toutes les déviations, et les anciennes civilisations traditionnelles subsistaient intactes. Aujourd'hui, au contraire, il est des Orientaux qui se sont plus ou moins complètement « occidentalisés ", qui ont abandonné leur tradition pour adopter toutes les aberrations de l'esprit moderne, et ces éléments dévoyés, grâce à l'enseignement des Universités européennes et américaines, deviennent dans leur propre pays une cause de trouble et d'agitation. Il ne convient pas, d'ailleurs, de s'en exagérer l'importance, pour le moment tout au moins : en Occident, on s'imagine volontiers que ces individualités bruyantes, mais peu nombreuses, représentent l'Orient actuel, alors que, en réalité, leur action n'est ni très étendue ni très profonde ; cette illusion s'explique aisément, car on ne connaît pas les vrais Orientaux, qui du reste ne cherchent nullement à se faire connaître, et les « modernistes ", si l'on peut les appeler ainsi, sont les seuls qui se montrent au dehors, parlent, écrivent et s'agitent de toutes façons.

Il n'en est pas moins vrai que ce mouvement anti-traditionnel peut gagner du terrain, et il faut envisager toutes les éventualités, même les plus défavorables ; déjà, l'esprit traditionnel se replie en quelque sorte sur lui-même, les centres où il se conserve intégralement deviennent de plus en plus fermés et difficilement accessibles ; et cette généralisation du désordre correspond bien à ce qui doit se produire dans la phase finale du Kali-Yuga.

Déclarons-le très nettement : l'esprit moderne étant chose purement occidentale, ceux qui en sont affectés, même s'ils sont des Orientaux de naissance, doivent être considérés, sous le rapport de la mentalité, comme des Occidentaux, car toute idée orientale leur est entièrement étrangère, et leur ignorance à l'égard des doctrines traditionnelles est la seule excuse de leur hostilité. Ce qui peut sembler assez singulier et même contradictoire, c'est que ces mêmes hommes, qui se font les auxiliaires de l' « occidentalisme " au point de vue intellectuel, ou plus exactement contre toute véritable intellectualité, apparaissent parfois comme ses adversaires dans le domaine politique ; et pourtant, au fond, il n'y a là rien dont on doive s'étonner. Ce sont eux qui s'efforcent d'instituer en Orient des « nationalismes " divers, et tout « nationalisme " est nécessairement opposé à l'esprit traditionnel ; s'ils veulent combattre la domination étrangère, c'est par les méthodes mêmes de l'Occident, de la même façon que les divers peuples occidentaux luttent entre eux ; et peut-être est-ce là ce qui fait leur raison d'être. En effet, si les choses en sont arrivées à un tel point que l'emploi de semblables méthodes soit devenu inévitable, leur mise en œuvre ne peut être que le fait d'éléments ayant rompu toute attache avec la tradition ; il se peut donc que ces éléments soient utilisés ainsi transitoirement, et ensuite éliminés comme les Occidentaux eux-mêmes. Il serait d'ailleurs assez logique que les idées que ceux-ci ont répandues se retournent contre eux, car elles ne peuvent être que des facteurs de division et de ruine ; c'est par là que la civilisation moderne périra d'une façon ou d'une autre ; peu importe que ce soit par l'effet des dissensions entre les Occidentaux, dissensions entre nations ou entre classes sociales, ou, comme certains le prétendent, par les attaques des Orientaux « occidentalisés ", ou encore à la suite d'un cataclysme provoqué par les « progrès de la science " ; dans tous les cas, le monde occidental ne court de dangers que par sa propre faute et par ce qui sort de lui-même.

La seule question qui se pose est celle-ci : l'Orient n'aura-t-il à subir, du fait de l'esprit moderne, qu'une crise passagère et superficielle, ou bien l'Occident entraînera-t-il dans sa chute l'humanité tout entière ? Il serait difficile d'y apporter actuellement une réponse basée sur des constatations indubitables ; les deux esprits opposés existent maintenant l'un et l'autre en Orient, et la force spirituelle, inhérente à la tradition et méconnue par ses adversaires, peut triompher de la force matérielle lorsque celle-ci aura joué son rôle, et la faire évanouir comme la lumière dissipe les ténèbres ; nous dirons même qu'elle en triomphera nécessairement tôt ou tard, mais il se peut que, avant d'en arriver là, il y ait une période d'obscuration complète. L'esprit traditionnel ne peut mourir, parce qu'il est, dans son essence, supérieur à la mort et au changement ; mais il peut se retirer entièrement du monde extérieur, et alors ce sera véritablement la « fin d'un monde ". D'après tout ce que nous avons dit, la réalisation de cette éventualité dans un avenir relativement peu éloigné n'aurait rien d'invraisemblable ; et, dans la confusion qui, partie de l'Occident, gagne présentement l'Orient, nous pourrions voir le « commencement de la fin ", le signe précurseur du moment où, suivant la tradition hindoue, la doctrine sacrée doit être enfermée tout entière dans une conque, pour en sortir intacte à l'aube du monde nouveau.

Mais laissons là encore une fois les anticipations, et ne regardons que les événements actuels : ce qui est incontestable, c'est que l'Occident envahit tout ; son action s'est d'abord exercée dans le domaine matériel, celui qui était immédiatement à sa portée, soit par la conquête violente, soit par le commerce et l'accaparement des ressources de tous les peuples ; mais maintenant les choses vont encore plus loin. Les Occidentaux, toujours animés par ce besoin de prosélytisme qui leur est si particulier, sont arrivés à faire pénétrer chez les autres, dans une certaine mesure, leur esprit antitraditionnel et matérialiste ; et, tandis que la première forme d'invasion n'atteignait en somme que les corps, celle-ci empoisonne les intelligences et tue la spiritualité ; l'une a d'ailleurs préparé l'autre et l'a rendue possible, de sorte que ce n'est en définitive que par la force brutale que l'Occident est parvenu à s'imposer partout, et il ne pouvait en être autrement, car c'est en cela que réside l'unique supériorité réelle de sa civilisation, si inférieure à tout autre point de vue. L'envahissement occidental, c'est l'envahissement du matérialisme sous toutes ses formes, et ce ne peut être que cela ; tous les déguisements plus ou moins hypocrites, tous les prétextes « moralistes ", toutes les déclamations « humanitaires ", toutes les habiletés d'une propagande qui sait à l'occasion se faire insinuante pour mieux atteindre son but de destruction, ne peuvent rien contre cette vérité, qui ne saurait être contestée que par des naïfs ou par ceux qui ont un intérêt quelconque à cette œuvre vraiment « satanique ", au sens le plus rigoureux du mot| [29] |.

Chose extraordinaire, ce moment où l'Occident envahit tout est celui que certains choisissent pour dénoncer, comme un péril qui les remplit d'épouvante, une prétendue pénétration d'idées orientales dans ce même Occident ; qu'est-ce encore que cette nouvelle aberration ? Malgré notre désir de nous en tenir à des considérations d'ordre général, nous ne pouvons nous dispenser de dire ici au moins quelques mots d'une Défense de l'Occident publiée récemment par M. Henri Massis, et qui est une des manifestations les plus caractéristiques de cet état d'esprit. Ce livre est plein de confusions et même de contradictions, et il montre une fois de plus combien la plupart de ceux qui voudraient réagir contre le désordre moderne sont peu capables de le faire d'une façon vraiment efficace, car ils ne savent même pas très bien ce qu'ils ont à combattre. L'auteur se défend parfois d'avoir voulu s'attaquer au véritable Orient ; et, s'il s'en était tenu effectivement à une critique des fantaisies « pseudo-orientales ", c'est-à-dire de ces théories purement occidentales que l'on répand sous des étiquettes trompeuses, et qui ne sont qu'un des nombreux produits du déséquilibre actuel, nous ne pourrions que l'approuver pleinement, d'autant plus que nous avons nous-même signalé, bien avant lui, le danger réel de ces sortes de choses, ainsi que leur inanité au point de vue intellectuel. Mais, malheureusement, il éprouve ensuite le besoin d'attribuer à l'Orient des conceptions qui ne valent guère mieux que celles-là ; pour le faire, il s'appuie sur des citations empruntées à quelques orientalistes plus ou moins « officiels ", et où les doctrines orientales sont, ainsi qu'il arrive d'ordinaire, déformées jusqu'à la caricature ; que dirait-il si quelqu'un usait du même procédé à l'égard du Christianisme et prétendait le juger d'après les travaux des « hypercritiques " universitaires ? C'est exactement ce qu'il fait pour les doctrines de l'Inde et de la Chine, avec cette circonstance aggravante que les Occidentaux dont il invoque le témoignage n'ont pas la moindre connaissance directe de ces doctrines, tandis que ceux de leurs collègues qui s'occupent du Christianisme doivent tout au moins le connaître dans une certaine mesure, même si leur hostilité contre tout ce qui est religieux les empêche de le comprendre véritablement. D'ailleurs, nous devons dire à cette occasion que nous avons eu parfois quelque peine à faire admettre par des Orientaux que les exposés de tel ou tel orientaliste procédaient d'une incompréhension pure et simple, et non d'un parti pris conscient et volontaire, tellement on y sent cette même hostilité qui est inhérente à l'esprit anti-traditionnel ; et nous demanderions volontiers à M. Massis s'il croit bien habile d'attaquer la tradition chez les autres quand on voudrait la restaurer dans son propre pays. Nous parlons d'habileté, parce que, au fond, toute la discussion est portée par lui sur un terrain politique ; pour nous qui nous plaçons à un tout autre point de vue, celui de l'intellectualité pure, la seule question qui se pose est une question de vérité ; mais ce point de vue est sans doute trop élevé et trop serein pour que les polémistes y puissent trouver leur satisfaction, et nous doutons même que, en tant que polémistes, le souci de la vérité puisse tenir une grande place dans leurs préoccupations / 30 /.

M. Massis s'en prend à ce qu'il appelle des « propagandistes orientaux ", expression qui renferme en elle-même une contradiction, car l'esprit de propagande, nous l'avons déjà dit bien souvent, est chose tout occidentale ; et cela seul indique déjà clairement qu'il y a là quelque méprise. En fait, parmi les propagandistes visés, nous pouvons distinguer deux groupes, dont le premier est constitué par de purs Occidentaux ; il serait vraiment comique, si ce n'était le signe de la plus déplorable ignorance des choses de l'Orient, de voir qu'on fait figurer des Allemands et des Russes parmi les représentants de l'esprit oriental ; l'auteur fait à leur égard des observations dont certaines sont très justes, mais que ne les montret-il nettement pour ce qu'ils sont en réalité ? À ce premier groupe nous joindrions encore les « théosophistes " anglo-saxons et tous les inventeurs d'autres sectes du même genre, dont la terminologie orientale n'est qu'un masque destiné à en imposer aux naïfs et aux gens mal informés, et qui ne recouvre que des idées aussi étrangères à l'Orient que chères à l'Occident moderne ; ceux-là sont d'ailleurs plus dangereux que de simples philosophes, en raison de leurs prétentions à un « ésotérisme " qu'ils ne possèdent pas davantage, mais qu'ils simulent frauduleusement pour attirer à eux les esprits qui cherchent autre chose que des spéculations « profanes " et qui, au milieu du chaos présent, ne savent où s'adresser ; nous nous étonnons un peu que M. Massis n'en dise à peu près rien. Quant au second groupe, nous y trouvons quelques-uns de ces Orientaux occidentalisés dont nous parlions tout à l'heure, et qui, tout aussi ignorants que les précédents des véritables idées orientales, seraient fort incapables de les répandre en Occident, à supposer qu'ils en eussent l'intention ; du reste, le but qu'ils se proposent réellement est tout contraire à celui-là, puisqu'il est de détruire ces mêmes idées en Orient, et de présenter en même temps aux Occidentaux leur Orient modernisé, accommodé aux théories qui leur ont été enseignées en Europe ou en Amérique ; véritables agents de la plus néfaste de toutes les propagandes occidentales, de celle qui s'attaque directement à l'intelligence, c'est pour l'Orient qu'ils sont un danger, et non pour l'Occident dont ils ne sont que le reflet. Pour ce qui est des vrais Orientaux, M. Massis n'en mentionne pas un seul, et il aurait été bien en peine de le faire, car il n'en connaît certainement aucun ; l'impossibilité où il se trouvait de citer le nom d'un Oriental qui ne fût pas occidentalisé eût dû lui donner à réfléchir et lui faire comprendre que les « propagandistes orientaux " sont parfaitement inexistants.

D'ailleurs, bien que cela nous oblige à parler de nous, ce qui est peu dans nos habitudes, nous devons déclarer formellement ceci : il n'y a, à notre connaissance, personne qui ait exposé en Occident des idées orientales authentiques, sauf nous-même ; et nous l'avons toujours fait exactement comme l'aurait fait tout Oriental qui s'y serait trouvé amené par les circonstances, c'est-à-dire sans la moindre intention de « propagande " ou de « vulgarisation ", et uniquement pour ceux qui sont capables de comprendre les doctrines telles qu'elles sont, sans qu'il y ait lieu de Îles dénaturer sous prétexte de les mettre à leur portée ; et nous ajouterons que, malgré la déchéance de l'intellectualité occidentale, ceux qui comprennent sont encore moins rares que nous ne l'aurions supposé, tout en n'étant évidemment qu'une petite minorité. Une telle entreprise n'est certes pas du genre de celles que M. Massis imagine, nous n'osons dire pour les besoins de sa cause, quoique le caractère politique de son livre puisse autoriser une telle expression ; disons, pour être aussi bienveillant que possible, qu'il les imagine parce que son esprit est troublé par la peur que fait naître en lui le pressentiment d'une ruine plus ou moins prochaine de la civilisation occidentale, et regrettons qu'il n'ait pas su voir clairement où se trouvent les véritables causes susceptibles d'amener cette ruine, quoiqu'il lui arrive parfois de faire preuve d'une juste sévérité à l'égard de certains aspects du monde moderne. C'est même là ce qui fait le continuel flottement de sa thèse : d'une part, il ne sait pas exactement quels sont les adversaires qu'il devrait combattre, et, d'autre part, son « traditionalisme " le laisse fort ignorant de tout ce qui est l'essence même de la tradition, qu'il confond visiblement avec une sorte de « conservatisme " politico-religieux de l'ordre le plus extérieur.

Nous disons que l'esprit de M. Massis est troublé par la peur ; la meilleure preuve en est peut-être l'attitude extraordinaire, et même tout à fait inconcevable, qu'il prête à ses soi-disant « propagandistes orientaux " : ceux-ci seraient animés d'une haine farouche à l'égard de l'Occident, et c'est pour nuire à celui-ci qu'ils s'efforceraient de lui communiquer leurs propres doctrines, c'est-à-dire de lui faire don de ce qu'ils ont eux-mêmes de plus précieux, de ce qui constitue en quelque sorte la substance même de leur esprit ! Devant tout ce qu'il y a de contradictoire dans une telle hypothèse, on ne peut s'empêcher d'éprouver une véritable stupéfaction : toute la thèse péniblement échafaudée s'écroule instantanément, et il semble que l'auteur ne s'en soit pas même aperçu, car nous ne voulons pas supposer qu'il ait été conscient d'une pareille invraisemblance et qu'il ait tout simplement compté sur le peu de clairvoyance de ses lecteurs pour la leur faire accepter. Il n'y a pas besoin de réfléchir bien longuement ni bien profondément pour se rendre compte que, s'il y a des gens qui haïssent si fort l'Occident, la première chose qu'ils doivent faire est de garder jalousement leurs doctrines pour eux, et que tous leurs efforts doivent tendre à en interdire l'accès aux Occidentaux ; c'est d'ailleurs là un reproche qu'on a quelquefois adressé aux Orientaux, avec plus d'apparence de raison. La vérité, pourtant, est assez différente : les représentants authentiques des doctrines traditionnelles n'éprouvent de haine pour personne, et leur réserve n'a qu'une seule cause : c'est qu'ils jugent parfaitement inutile d'exposer certaines vérités à ceux qui sont incapables de les comprendre ; mais ils n'ont jamais refusé d'en faire part à ceux, quelle que soit leur origine, qui possèdent les « qualifications " requises ; est-ce leur faute si, parmi ces derniers, il y a fort peu d'Occidentaux ? Et, d'un autre côté, si la masse orientale finit par être vraiment hostile aux Occidentaux, après les avoir longtemps regardés avec indifférence, qui en est responsable ? Est-ce cette élite qui, toute à la contemplation intellectuelle, se tient résolument à l'écart de l'agitation extérieure, ou ne sont-ce pas plutôt les Occidentaux eux-mêmes, qui ont fait tout ce qu'il fallait pour rendre leur présence odieuse et intolérable ? Il suffit que la question soit ainsi posée comme elle doit l'être, pour que n'importe qui soit capable d'y répondre immédiatement ; et, en admettant que les Orientaux, qui ont fait preuve jusqu'ici d'une incroyable patience, veuillent enfin être les maîtres chez eux, qui donc pourrait songer sincèrement à les en blâmer ? Il est vrai que, quand certaines passions s'en mêlent, les mêmes choses peuvent, suivant les circonstances, se trouver appréciées de façons fort diverses, voire même toutes contraires : ainsi, quand la résistance à une invasion étrangère est le fait d'un peuple occidental, elle s'appelle « patriotisme " et est digne de tous les éloges ; quand elle est le fait d'un peuple oriental, elle s'appelle « fanatisme " ou « xénophobie " et ne mérite plus que la haine ou le mépris. D'ailleurs, n'est-ce pas au nom du « Droit ", de la « Liberté ", de la « Justice " et de la « Civilisation " que les Européens prétendent imposer partout leur domination, et interdire à tout homme de vivre et de penser autrement qu'eux-mêmes ne vivent et ne pensent ? On conviendra que le « moralisme " est vraiment une chose admirable, à moins qu'on ne préfère conclure tout simplement, comme nous-même, que, sauf des exceptions d'autant plus honorables qu'elles sont plus rares, il n'y a plus guère en Occident que deux sortes de gens, assez peu intéressantes l'une et l'autre : les naïfs qui se laissent prendre à ces grands mots et qui croient à leur « mission civilisatrice ", inconscients qu'ils sont de la barbarie matérialiste dans laquelle ils sont plongés, et les habiles qui exploitent cet état d'esprit pour la satisfaction de leurs instincts de violence et de cupidité. En tout cas, ce qu'il y a de certain, c'est que les Orientaux ne menacent personne et ne songent guère à envahir l'Occident d'une façon ou d'une autre ; ils ont, pour le moment, bien assez à faire de se défendre contre l'oppression européenne, qui risque de les atteindre jusque dans leur esprit ; et il est au moins curieux de voir les agresseurs se poser en victimes.

Cette mise au point était nécessaire, car il est certaines choses qui doivent être dites ; mais nous nous reprocherions d'y insister davantage, la thèse des « défenseurs de l'Occident " étant vraiment par trop fragile et inconsistante. Du reste, si nous nous sommes départi un instant de la réserve que nous observons habituellement en ce qui concerne les individualités pour citer M. Henri Massis, c'est surtout parce que celui —ci représente en la circonstance une certaine partie de la mentalité contemporaine, dont il nous faut aussi tenir compte dans cette étude sur l'état du monde moderne. Comment ce « traditionalisme " d'ordre inférieur, étroitement borné et incompréhensif, peut-être même assez artificiel, s'opposerait-il vraiment et efficacement à un esprit dont il partage tant de préjugés ? De part et d'autre, c'est, à peu de chose près, la même ignorance des véritables principes ; c'est le même parti pris de nier tout ce qui dépasse un certain horizon ; c'est la même inaptitude à comprendre l'existence de civilisations différentes, la même superstition du « classicisme " gréco-latin. Cette réaction insuffisante n'a d'intérêt pour nous qu'en ce qu'elle marque une certaine insatisfaction de l'état présent chez quelques-uns de nos contemporains ; de cette même insatisfaction, il y a d'ailleurs d'autres manifestations qui seraient susceptibles d'aller plus loin si elles étaient bien dirigées ; mais, pour le moment, tout cela est fort chaotique, et il est encore bien difficile de dire ce qui s'en dégagera. Cependant, quelques prévisions à cet égard ne seront peut-être pas entièrement inutiles ;

et, comme elles se lient étroitement au destin du monde actuel, elles pourront en même temps servir de conclusions à la présente étude, dans la mesure où il est permis d'en tirer des conclusions sans donner à l'ignorance « profane " l'occasion d'attaques trop faciles, en développant imprudemment des considérations qu'il serait impossible de justifier par les moyens ordinaires. Nous ne sommes pas de ceux qui pensent que tout peut être dit indifféremment, du moins lorsqu'on sort de la doctrine pure pour en venir aux applications ; il y a alors certaines réserves qui s'imposent, et des questions d'opportunité qui doivent se poser inévitablement ; mais ces réserves légitimes, et même indispensables, n'ont rien de commun avec certaines craintes puériles qui ne sont que l'effet d'une ignorance comparable à celle d'un homme qui, suivant l'expression proverbiale hindoue, « prend une corde pour un serpent ". Qu'on le veuille ou non, ce qui doit être dit le sera à mesure que les circonstances l'exigeront ; ni les efforts intéressés des uns, ni l'hostilité inconsciente des autres, ne pourront empêcher qu'il en soit ainsi, pas plus que, d'un autre côté, l'impatience de ceux qui, entraînés par la hâte fébrile du monde moderne, voudraient tout savoir d'un seul coup, ne pourra faire que certaines choses soient connues au dehors plus tôt qu'il ne convient ; mais ces derniers pourront du moins se consoler en pensant que la marche accélérée des événements leur donnera sans doute une assez prompte satisfaction ; puissent-ils n'avoir pas à regretter alors de s'être insuffisamment préparés à recevoir une connaissance qu'ils recherchent trop souvent avec plus d'enthousiasme que de véritable discernement !

CHAPITRE IX

Quelques conclusions

Nous avons voulu surtout montrer ici comment l'application des données traditionnelles permet de résoudre les questions qui se posent actuellement de la façon la plus immédiate, d'expliquer l'état présent de l'humanité terrestre, et en même temps de juger selon la vérité, et non selon des règles conventionnelles ou des préférences sentimentales, tout ce qui constitue proprement la civilisation moderne. Nous n'avons d'ailleurs pas eu la prétention d'épuiser le sujet, de le traiter dans tous ses détails, ni d'en développer complètement tous les aspects sans en négliger aucun ; les principes dont nous nous inspirons constamment nous obligent du reste à présenter des vues essentiellement synthétiques, et non pas analytiques comme celles du savoir « profane " ; mais ces vues, précisément parce qu'elles sont synthétiques, vont beaucoup plus loin dans le sens d'une véritable explication qu'une analyse quelconque, qui n'a guère en réalité qu'une simple valeur descriptive. En tout cas, nous pensons en avoir dit assez pour permettre, à ceux qui sont capables de comprendre, de tirer eux-mêmes, de ce que nous avons exposé, au moins une partie des conséquences qui y sont contenues implicitement ; et ils doivent être bien persuadés que ce travail leur sera autrement profitable qu'une lecture qui ne laisserait aucune place à la réflexion et à la méditation, pour lesquelles, tout au contraire, nous avons voulu seulement fournir un point de départ approprié, un appui suffisant pour s'élever au-dessus de la vaine multitude des opinions individuelles.

Il nous reste à dire quelques mots de ce que nous pourrions appeler la portée pratique d'une telle étude ; cette portée, nous pourrions la négliger ou nous en désintéresser si nous nous étions tenu dans la doctrine métaphysique pure, par rapport à laquelle toute application n'est que contingente et accidentelle ; maïs, ici, c'est précisément des applications qu'il s'agit. Celles-ci ont d'ailleurs, en dehors de tout point de vue pratique, une double raison d'être : elles sont les conséquences légitimes des principes, le développement normal d'une doctrine qui, étant une et universelle, doit embrasser tous les ordres de réalité sans exception ; et, en même temps, elles sont aussi, pour certains tout au moins, un moyen préparatoire pour s'élever à une connaissance supérieure, ainsi que nous l'avons expliqué à propos de la « science sacrée ". Mais, en outre, il n'est pas interdit, quand on est dans le domaine des applications, de les considérer aussi en elles-mêmes et dans leur valeur propre, pourvu qu'on ne soit jamais amené par là à perdre de vue leur rattachement aux principes ; ce danger est très réel, puisque c'est de là que résulte la dégénérescence qui a donné naissance à la « science profane ", mais il n'existe pas pour ceux qui savent que tout dérive et dépend entièrement de la pure intellectualité, et que ce qui n'en procède pas consciemment ne peut être qu'illusoire. Comme nous l'avons déjà répété bien souvent, tout doit commencer par la connaissance ; et ce qui semble être le plus éloigné de l'ordre pratique se trouve être pourtant le plus efficace dans cet ordre même, car c'est ce sans quoi, là aussi bien que partout ailleurs, il est impossible de rien accomplir qui soit réellement valable, qui soit autre chose qu'une agitation vaine et superficielle. C'est pourquoi, pour revenir plus spécialement à la question qui nous occupe présentement, nous pouvons dire que, si tous les hommes comprenaient ce qu'est vraiment le monde moderne, celui-ci cesserait aussitôt d'exister, car son existence, comme celle de l'ignorance et de tout ce qui est limitation, est purement négative : il n'est que par la négation de la vérité traditionnelle et supra-humaine. Ce changement se produirait ainsi sans aucune catastrophe, ce qui semble à peu près impossible par toute autre voie ; avons-nous donc tort si nous affirmons qu'une telle connaissance est susceptible de conséquences pratiques véritablement incalculables ? Mais, d'un autre côté, il paraît malheureusement bien difficile d'admettre que tous arrivent à cette connaissance, dont la plupart des hommes sont certainement plus loin qu'ils ne l'ont jamais été ; il est vrai que cela n'est nullement nécessaire, car il suffit d'une élite peu nombreuse, mais assez fortement constituée pour donner une direction à la masse, qui obéirait à ses suggestions sans même avoir la moindre idée de son existence ni de ses moyens d'action ; la constitution effective de cette élite est-elle encore possible en Occident ?

Nous n'avons pas l'intention de revenir sur tout ce que nous avons eu déjà l'occasion d'exposer ailleurs en ce qui concerne le rôle de l'élite intellectuelle dans les différentes circonstances que l'on peut envisager comme possibles pour un avenir plus ou moins imminent. Nous nous bornerons donc à dire ceci : quelle que soit la façon dont s'accomplit le changement qui constitue ce qu'on peut appeler le passage d'un monde à un autre, qu'il s'agisse d'ailleurs de cycles plus ou moins étendus, ce changement, même s'il a les apparences d'une brusque rupture, n'implique jamais une discontinuité absolue, car il y a un enchaînement causal qui relie tous les cycles entre eux. L'élite dont nous parlons, si elle parvenait à se former pendant qu'il en est temps encore, pourrait préparer le changement de telle façon qu'il se produise dans les conditions les plus favorables, et que le trouble qui l'accompagnera inévitablement soit en quelque sorte réduit au minimum ; mais, même s'il n'en est pas ainsi, elle aura toujours une autre tâche, plus importante encore, celle de contribuer à la conservation de ce qui doit survivre au monde présent et servir à l'édification du monde futur. Il est évident qu'on ne doit pas attendre que la descente soit finie pour préparer la remontée, dès lors qu'on sait que cette remontée aura lieu nécessairement, même si l'on ne peut éviter que la descente aboutisse auparavant à quelque cataclysme ; et ainsi, dans tous les cas, le travail effectué ne sera pas perdu : il ne peut l'être quant aux bénéfices que l'élite en retirera pour elle-même, mais il ne le sera pas non plus quant à ses résultats ultérieurs pour l'ensemble de l'humanité.

Maintenant, voici comment il convient d'envisager les choses : l'élite existe encore dans les civilisations orientales, et, en admettant qu'elle s'y réduise de plus en plus devant l'envahissement moderne, elle subsistera quand même jusqu'au bout, parce qu'il est nécessaire qu'il en soit ainsi pour garder le dépôt de la tradition qui ne saurait périr, et pour assurer la transmission de tout ce qui doit être conservé. En Occident, par contre, l'élite n'existe plus actuellement ; on peut donc se demander si elle s'y reformera avant la fin de notre époque, c'est-à-dire si le monde occidental, malgré sa déviation, aura une part dans cette conservation et cette transmission ; s'il n'en est pas ainsi, la conséquence en sera que sa civilisation devra périr tout entière, parce qu'il n'y aura plus en elle aucun élément utilisable pour l'avenir, parce que toute trace de l'esprit traditionnel en aura disparu. La question, ainsi posée, peut n'avoir qu'une importance très secondaire quant au résultat final ; elle n'en présente pas moins un certain intérêt à un point de vue relatif, que nous devons prendre en considération dès lors que nous consentons à tenir compte des conditions particulières de la période dans laquelle nous vivons. En principe, on pourrait se contenter de faire remarquer que ce monde occidental est, malgré tout, une partie de l'ensemble dont il semble s'être détaché depuis le début des temps modernes, et que, dans l'ultime intégration du cycle, toutes les parties doivent se retrouver d'une certaine façon ; mais cela n'implique pas forcément une restauration préalable de la tradition occidentale, car celle-ci peut être conservée seulement à l'état de possibilité permanente dans sa source même, en dehors de la forme spéciale qu'elle a revêtue à tel moment déterminé. Nous ne donnons d'ailleurs ceci qu'à titre d'indication, car, pour le comprendre pleinement, il faudrait faire intervenir la considération des rapports de la tradition primordiale et des traditions subordonnées, ce que nous ne pouvons songer à faire ici. Ce serait là le cas le plus défavorable pour le monde occidental pris en lui-même, et son état actuel peut faire craindre que ce cas ne soit celui qui se réalise effectivement ; cependant, nous avons dit qu'il y a quelques signes qui permettent de penser que tout espoir d'une meilleure solution n'est pas encore perdu définitivement.

Il existe maintenant, en Occident, un nombre plus grand qu'on ne croit d'hommes qui commencent à prendre conscience de ce qui manque à leur civilisation ; s'ils en sont réduits à des aspirations imprécises et à des recherches trop souvent stériles, si même il leur arrive de s'égarer complètement, c'est parce qu'ils manquent de données réelles auxquelles rien ne peut suppléer, et parce qu'il n'y a aucune organisation qui puisse leur fournir la direction doctrinale nécessaire. Nous ne parlons pas en cela, bien entendu, de ceux qui ont pu trouver cette direction dans les traditions orientales, et qui sont ainsi, intellectuellement, en dehors du monde occidental ; ceux-là, qui ne peuvent d'ailleurs représenter qu'un cas d'exception, ne sauraient aucunement être partie intégrante d'une élite occidentale ; ils sont en réalité un prolongement des élites orientales, qui pourrait devenir un trait d'union entre celles-ci et l'élite occidentale le jour où cette dernière serait arrivée à se constituer ; mais elle ne peut, par définition en quelque sorte, être constituée que par une initiative proprement occidentale, et c'est là que réside toute la difficulté. Cette initiative n'est possible que de deux façons : ou l'Occident en trouvera les moyens en lui-même, par un retour direct à sa propre tradition, retour qui serait comme un réveil spontané de possibilités latentes ; ou certains éléments occidentaux accompliront ce travail de restauration à l'aide d'une certaine connaissance des doctrines orientales, connaissance qui cependant ne pourra être absolument immédiate pour eux, puisqu'ils doivent demeurer occidentaux, mais qui pourra être obtenue par une sorte d'influence au second degré, s'exerçant à travers des intermédiaires tels que ceux auxquels nous faisions allusion tout à l'heure. La première de ces deux hypothèses est fort peu vraisemblable, car elle implique l'existence, en Occident, d'un point au moins où l'esprit traditionnel se serait conservé intégralement, et nous avons dit que, en dépit de certaines affirmations, cette existence nous paraît extrêmement douteuse ; c'est donc la seconde hypothèse qu'il convient d'examiner de plus près.

Dans ce cas, il y aurait avantage, bien que cela ne soit pas d'une nécessité absolue, à ce que l'élite en formation pût prendre un point d'appui dans une organisation occidentale ayant déjà une existence effective ; or il semble bien qu'il n'y ait plus en Occident qu'une seule organisation qui possède un caractère traditionnel, et qui conserve une doctrine susceptible de fournir au travail dont il s'agit une base appropriée : c'est l'Église catholique. Il suffirait de restituer à la doctrine de celle-ci, sans rien changer à la forme religieuse sous laquelle elle se présente au dehors, le sens profond qu'elle a réellement en elle-même, mais dont ses représentants actuels paraissent n'avoir plus conscience, non plus que de son unité essentielle avec les autres formes traditionnelles ; les deux choses, d'ailleurs, sont inséparables l'une de l'autre. Ce serait la réalisation du Catholicisme au vrai sens du mot, qui, étymologiquement, exprime l'idée d' « universalité ", ce qu'oublient un peu trop ceux qui voudraient n'en faire que la dénomination exclusive d'une forme spéciale et purement occidentale, sans aucun lien effectif avec les autres traditions ; et l'on peut dire que, dans l'état présent des choses, le Catholicisme n'a qu'une existence virtuelle, puisque nous n'y trouvons pas réellement la conscience de l'universalité ; mais il n'en est pas moins vrai que l'existence d'une organisation qui porte un tel nom est l'indication d'une base possible pour une restauration de l'esprit traditionnel dans son acception complète, et cela d'autant plus que, au moyen âge, elle a déjà servi de support à cet esprit dans le monde occidental. Il ne s'agirait donc, en somme, que d'une reconstitution de ce qui a existé avant la déviation moderne, avec les adaptations nécessaires aux conditions d'une autre époque ; et, si certains s'en étonnent ou protestent contre une semblable idée, c'est qu'ils sont eux-mêmes, à leur insu et peut-être contre leur gré, imbus de l'esprit moderne au point d'avoir complètement perdu le sens d'une tradition dont ils ne gardent que l'écorce. Il importerait de savoir si le formalisme de la « lettre ", qui est encore une des variétés du « matérialisme " tel que nous l'avons entendu plus haut, a définitivement étouffé la spiritualité, ou si celle-ci n'est qu'obscurcie passagèrement et peut se réveiller encore dans le sein même de l'organisation existante ; mais c'est seulement la suite des événements qui permettra de s'en rendre compte.

Il se peut, d'ailleurs, que ces événements eux-mêmes imposent tôt ou tard, aux dirigeants de l'Église catholique, comme une nécessité inéluctable, ce dont ils ne comprendraient pas directement l'importance au point de vue de l'intellectualité pure ; il serait assurément regrettable qu'il faille, pour leur donner à réfléchir, des circonstances aussi contingentes que celles qui relèvent du domaine politique, considéré en dehors de tout principe supérieur ; mais il faut bien admettre que l'occasion d'un développement de possibilités latentes doit être fourni à chacun par les moyens qui sont le plus immédiatement à la portée de sa compréhension actuelle. C'est pourquoi nous dirons ceci : devant l'aggravation d'un désordre qui se généralise de plus en plus, il y a lieu de faire appel à l'union de toutes les forces spirituelles qui exercent encore une action dans le monde extérieur, en Occident aussi bien qu'en Orient ; et, du côté occidental, nous n'en voyons pas d'autres que l'Église catholique. Si celle ci pouvait entrer par là en contact avec les représentants des traditions orientales, nous n'aurions qu'à nous féliciter de ce premier résultat, qui pourrait être précisément le point de départ de ce que nous avons en vue, car on ne tarderait sans doute pas à s'apercevoir qu'une entente simplement extérieure et « diplomatique " serait illusoire et ne pourrait avoir les conséquences voulues, de sorte qu'il faudrait bien en venir à ce par quoi on aurait dû normalement commencer, c'est-à-dire à envisager l'accord sur les principes, accord dont la condition nécessaire et suffisante serait que les représentants de l'Occident redeviennent vraiment conscients de ces principes, comme le sont toujours ceux de l'Orient. La véritable entente, redisons-le encore une fois, ne peut s'accomplir que par en haut et de l'intérieur, par conséquent dans le domaine que l'on peut appeler indifféremment intellectuel ou spirituel, car, pour nous, ces deux mots ont, au fond, exactement la même signification ; ensuite, et en partant de là, l'entente s'établirait aussi forcément dans tous les autres domaines, de même que, lorsqu'un principe est posé, il n'y a plus qu'à en déduire, ou plutôt à en « expliciter ", toutes les conséquences qui s'y trouvent impliquées. Il ne peut y avoir à cela qu'un seul obstacle : c'est le prosélytisme occidental, qui ne peut se résoudre à admettre qu'on doit parfois avoir des « alliés " qui ne soient point des « sujets " ; ou, pour parler plus exactement, c'est le défaut de compréhension dont ce prosélytisme n'est qu'un des effets ; cet obstacle sera-t-il surmonté ? S'il ne l'était pas, l'élite, pour se constituer, n'aurait plus à compter que sur l'effort de ceux qui seraient qualifiés par leur capacité intellectuelle, en dehors de tout milieu défini, et aussi, bien entendu, sur l'appui de l'Orient ; son travail en serait rendu plus difficile et son action ne pourrait s'exercer qu'à plus longue échéance, puisqu'elle aurait à en créer elle-même tous les instruments, au lieu de les trouver tout préparés comme dans l'autre cas ; mais nous ne pensons nullement que ces difficultés, si grandes qu'elles puissent être, soient de nature à empêcher ce qui doit être accompli d'une façon ou d'une autre.

Nous estimons donc opportun de déclarer encore ceci : il y a dès maintenant, dans le monde occidental, des indices certains d'un mouvement qui demeure encore imprécis, mais qui peut et doit même normalement aboutir à la reconstitution d'une élite intellectuelle, à moins qu'un cataclysme ne survienne trop rapidement pour lui permettre de se développer jusqu'au bout. Il est à peine besoin de dire que l'Église aurait tout intérêt, quant à son rôle futur, à devancer en quelque sorte un tel mouvement, plutôt que de le laisser s'accomplir sans elle et d'être contrainte de le suivre tardivement pour maintenir une influence qui menacerait de lui échapper ; il n'est pas nécessaire de se placer à un point de vue très élevé et difficilement accessible pour comprendre que, en somme, c'est elle qui aurait les plus grands avantages à retirer d'une attitude qui, d'ailleurs, bien loin d'exiger de sa part la moindre compromission dans l'ordre doctrinal, aurait au contraire pour résultat de la débarrasser de toute infiltration de l'esprit moderne, et par laquelle, au surplus, rien ne serait modifié extérieurement. Il serait quelque peu paradoxal de voir le Catholicisme intégral se réaliser sans le concours de l'Église catholique, qui se trouverait peut-être alors dans la singulière obligation d'accepter d'être défendue, contre des assauts plus terribles que ceux qu'elle a jamais subis, par des hommes que ses dirigeants, ou du moins ceux qu'ils laissent parler en leur nom, auraient d'abord cherché à déconsidérer en jetant sur eux la suspicion la plus mal fondée ; et, pour notre part, nous regretterions qu'il en fût ainsi ; mais, si l'on ne veut pas que les choses en viennent à ce point, il est grand temps, pour ceux à qui leur situation confère les plus graves responsabilités, d'agir en pleine connaissance de cause et de ne plus permettre que des tentatives qui peuvent avoir des conséquences de la plus haute importance risquent de se trouver arrêtées par l'incompréhension ou la malveillance de quelques individualités plus ou moins subalternes, ce qui s'est vu déjà, et ce qui montre encore une fois de plus à quel point le désordre règne partout aujourd'hui. Nous prévoyons bien qu'on ne nous saura nul gré de ces avertissements, que nous donnons en toute indépendance et d'une façon entièrement désintéressée ; peu nous importe, et nous n'en continuerons pas moins, lorsqu'il le faudra, et sous la forme que nous jugerons convenir le mieux aux circonstances, à dire ce qui doit être dit. Ce que nous disons présentement n'est que le résumé des conclusions auxquelles nous avons été conduit par certaines « expériences " toutes récentes, entreprises, cela va sans dire, sur un terrain purement intellectuel ; nous n'avons pas, pour le moment tout au moins, à entrer à ce propos dans des détails qui, du reste, seraient peu intéressants en eux-mêmes ; mais nous pouvons affirmer qu'il n'est pas, dans ce qui précède, un seul mot que nous ayons écrit sans y avoir mûrement réfléchi. Qu'on sache bien qu'il serait parfaitement inutile de chercher à opposer à cela des arguties philosophiques que nous voulons ignorer ; nous parlons sérieusement de choses sérieuses, nous n'avons pas de temps à perdre dans des discussions verbales qui n'ont pour nous aucun intérêt, et nous entendons rester entièrement étranger à toute polémique, à toute querelle d'école ou de parti, de même que nous refusons absolument de nous laisser appliquer une étiquette occidentale quelconque, car il n'en est aucune qui nous convienne ; que cela plaise ou déplaise à certains, c'est ainsi, et rien ne saurait nous faire changer d'attitude à cet égard.

Nous devons maintenant faire entendre aussi un avertissement à ceux qui, par leur aptitude à une compréhension supérieure, sinon par le degré de connaissance qu'ils ont effectivement atteint, semblent destinés à devenir des éléments de l'élite possible. Il n'est pas douteux que l'esprit moderne, qui est véritablement « diabolique " dans tous les sens de ce mot, s'efforce par tous les moyens d'empêcher que ces éléments, aujourd'hui isolés et dispersés, parviennent à acquérir la cohésion nécessaire pour exercer une action réelle sur la mentalité générale ; c'est donc à ceux qui ont déjà, plus ou moins complètement, pris conscience du but vers lequel doivent tendre leurs efforts, de ne pas s'en laisser détourner par les difficultés, quelles qu'elles soient, qui se dresseront devant eux. Pour ceux qui n'en sont pas encore arrivés au point à partir duquel une direction infaillible ne permet plus de s'écarter de la vraie voie, les déviations les plus graves sont toujours à redouter ; la plus grande prudence est donc nécessaire, et nous dirions même volontiers qu'elle doit être poussée jusqu'à la méfiance, car l' « adversaire ", qui jusqu'à ce point n'est pas définitivement vaincu, sait prendre les formes les plus diverses et parfois les plus inattendues. Il arrive que ceux qui croient avoir échappé au « matérialisme " moderne sont repris par des choses qui, tout en paraissant s'y opposer, sont en réalité du même ordre ; et, étant donnée la tournure d'esprit des Occidentaux, il convient, à cet égard, de les mettre plus particulièrement en garde contre l'attrait que peuvent exercer sur eux les « phénomènes " plus ou moins extraordinaires ; c'est de là que proviennent en grande partie toutes les erreurs « néospiritualistes ", et il est à prévoir que ce danger s'aggravera encore, car les forces obscures qui entretiennent le désordre actuel trouvent là un de leurs plus puissants moyens d'action. Il est même probable que nous ne sommes plus très loin de l'époque à laquelle se rapporte cette prédiction évangélique que nous avons déjà rappelée ailleurs : « Il s'élèvera de faux Christs et de faux prophètes, qui feront de grands prodiges et des choses étonnantes, jusqu'à séduire, s'il était possible, les élus eux-mêmes. " Les « élus ", ce sont, comme le mot l'indique, ceux qui font partie de l' « élite " entendue dans la plénitude de son véritable sens, et d'ailleurs, disons-le à cette occasion, c'est pourquoi nous tenons à ce terme d' « élite " en dépit de l'abus qui en est fait dans le monde « profane " ; ceux-là, par la vertu de la « réalisation " intérieure à laquelle ils sont parvenus, ne peuvent plus être séduits, mais il n'en est pas de même de ceux qui, n'ayant encore en eux que des possibilités de connaissance, ne sont proprement que des « appelés " ; et c'est pourquoi l'Évangile dit qu'il y a « beaucoup d'appelés, mais peu d'élus ". Nous entrons dans un temps où il deviendra particulièrement difficile de « distinguer l'ivraie du bon grain ", d'effectuer réellement ce que les théologiens nomment le « discernement des esprits ", en raison des manifestations désordonnées qui ne feront que s'intensifier et se multiplier, et aussi en raison du défaut de véritable connaissance chez ceux dont la fonction normale devrait être de guider les autres, et qui aujourd'hui ne sont trop souvent que des « guides aveugles ". On verra alors si, dans de pareilles circonstances, les subtilités dialectiques sont de quelque utilité, et si c'est une « philosophie ", fût-elle la meilleure possible, qui suffira à arrêter le déchaînement des « puissances infernales " ; c'est là encore une illusion contre laquelle certains ont à se défendre, car il est trop de gens qui, ignorant ce qu'est l'intellectualité pure, s'imaginent qu'une connaissance simplement philosophique, qui, même dans le cas le plus favorable, est à peine une ombre de la vraie connaissance, est capable de remédier à tout et d'opérer le redressement de la mentalité contemporaine, comme il en est aussi qui croient trouver dans la science moderne elle-même un moyen de s'élever à des vérités supérieures, alors que cette science n'est fondée précisément que sur la négation de ces vérités. Toutes ces illusions sont autant de causes d'égarement ; bien des efforts sont par là dépensés en pure perte, et c'est ainsi que beaucoup de ceux qui voudraient sincèrement réagir contre l'esprit moderne sont réduits à l'impuissance, parce que, n'ayant pas su trouver les principes essentiels sans lesquels toute action est absolument vaine, ils se sont laissé entraîner dans des impasses dont il ne leur est plus possible de sortir.

Ceux qui arriveront à vaincre tous ces obstacles, et à triompher de l'hostilité d'un milieu opposé à toute spiritualité, seront sans doute peu nombreux ; mais, encore une fois, ce n'est pas le nombre qui importe, car nous sommes ici dans un domaine dont les lois sont tout autres que celles de la matière. Il n'y a donc pas lieu de désespérer ; et, n'y eût-il même aucun espoir d'aboutir à un résultat sensible avant que le monde moderne ne sombre dans quelque catastrophe, ce ne serait pas encore une raison valable pour ne pas entreprendre une œuvre dont la portée réelle s'étend bien au-delà de l'époque actuelle. Ceux qui seraient tentés de céder au découragement doivent penser que rien de ce qui est accompli dans cet ordre ne peut jamais être perdu, que le désordre, l'erreur et l'obscurité ne peuvent l'emporter qu'en apparence et d'une façon toute momentanée, que tous les déséquilibres partiels et transitoires doivent nécessairement concourir au grand équilibre total, et que rien ne saurait prévaloir finalement contre la puissance de la vérité ; leur devise doit être celle qu'avaient adoptée autrefois certaines organisations initiatiques de l'Occident :

Vincit omnia Veritas .

FIN de *La Crise du monde moderne*

Notes

[←1]

Ceci se rapporte à la fonction de « conservation divine ", qui, dans la tradition hindoue, est représentée par Vishnu, et plus particulièrement à la doctrine des Avatâras ou « descentes " du principe divin dans le monde manifesté, que nous ne pouvons naturellement songer à développer ici.

[←2]

Il faut remarquer que le nom de Zoroastre désigne en réalité, non un personnage particulier, mais une fonction, à la fois prophétique et législatrice ; il y eut plusieurs Zoroastres, qui vécurent à des époques fort différentes ; et il est même vraisemblable que cette fonction dut avoir un caractère collectif, de même que celle de Vyâsa dans l'Inde, et de même aussi que, en Égypte, ce qui fut attribué à Thoth ou Hermès représente l'œuvre de toute la caste sacerdotale.

[←3]

La question du Bouddhisme est, en réalité, loin d'être aussi simple que pourrait le donner à penser ce bref aperçu ; et il est intéressant de noter que, si les Hindous, au point de vue de leur propre tradition, ont toujours condamné les Bouddhistes, beaucoup d'entre eux n'en professent pas moins un grand respect pour le Bouddha lui-même, quelques-uns allant même jusqu'à voir en lui le neuvième Avatâra, tandis que d'autres identifient celui-ci avec le Christ. D'autre part, en ce qui concerne le Bouddhisme tel qu'il est connu aujourd'hui, il faut avoir bien soin de distinguer entre ses deux formes du Mahâyâna et du Hinayâna, ou du « Grand Véhicule " et du « Petit Véhicule " ; d'une façon générale, on peut dire que le Bouddhisme hors de l'Inde diffère notablement de sa forme indienne originelle, qui commença à perdre rapidement du terrain après la mort d'Ashoka et disparut complètement quelques siècles plus tard.

[←4]

Ce cas n'est pas particulier à l'Inde et se rencontre aussi en Occident ; c'est exactement pour la même raison qu'on ne trouve aucun vestige des cités gauloises, dont l'existence est cependant incontestable, étant attestée par des témoignages contemporains ; et, là également, les historiens modernes ont profité de cette absence de monuments pour dépeindre les Gaulois comme des sauvages vivant dans les forêts.

[←5]

Le rapport est ici à peu près le même que celui qui existe, dans la doctrine taoïste, entre l'état de l' « homme doué " et celui de l' « homme transcendant ".

[←6]

Nous ne citerons que deux exemples, parmi les faits de ce genre qui devaient avoir les plus graves conséquences : la prétendue invention de l'imprimerie, que les Chinois connaissaient antérieurement à l'ère chrétienne, et la découverte « officielle " de l'Amérique, avec laquelle des communications beaucoup plus suivies qu'on ne le pense avaient existé durant tout le moyen âge.

[←7]

Cette loi était représentée, dans les mystères d'Éleusis, par le symbolisme du grain de blé ; les alchimistes la figuraient par la « putréfaction " et par la couleur noire qui marque le début du « Grand Œuvre " ; ce que les mystiques chrétiens appellent la « nuit obscure de l'âme " n'en est que l'application au développement spirituel de l'être qui s'élève à des états supérieurs ; et il serait facile de signaler encore bien d'autres concordances.

[←8]

La contemplation et l'action, en effet, sont respectivement les fonctions propres des deuxpremières castes, celle des Brâhmanes et celle des Kshatriyas ; aussi leurs rapports sont-ils en même temps ceux de l'autorité spirituelle et du pouvoir temporel ; mais nous ne nous proposons pas d'envisager spécialement ici ce côté de la question, qui mériterait d'être traité à part.

[←9]

Ceux qui douteraient de cette importance très réelle, quoique relative, que les doctrines traditionnelles de l'Orient, et notamment celle de l'Inde, accordent à l'action, n'auraient, pour s'en convaincre, qu'à se reporter à la Bhagavad-Gîtâ, qui est d'ailleurs, il ne faut pas l'oublier si l'on veut en bien comprendre le sens, un livre spécialement destiné à l'usage des Kshatriyas.

[←10]

C'est en vertu du rapport ainsi établi qu'il est dit que le Brâhmane est le type des êtres stables, et que le Kshatriya est le type des êtres mobiles ou changeants ; ainsi, tous les êtres de ce monde, suivant leur nature, sont principalement en relation avec l'un ou avec l'autre, car il y a une parfaite correspondance entre l'ordre cosmique et l'ordre humain.

[←11]

II faut noter, en effet, comme conséquence du caractère essentiellement momentané de l'action, que, dans le domaine de celle-ci, les résultats sont toujours séparés de ce qui les produit, tandis que la connaissance, au contraire, porte son fruit en elle-même.

[←12]

Peu de temps après son origine, le Bouddhisme dans l'inde devint associé à une des principales manifestation de la révolte des Kshatriyas contre l'autorité des Brâhmanes ; et, comme il est facile de le comprendre d'après les indications qui précèdent, il existe, d'une façon générale, un lien très direct entre la négation de tout principe immuable et celle de l'autorité spirituelle, entre la réduction de toute réalité au « devenir " et l'affirmation de la suprématie du pouvoir temporel, dont le domaine propre est le monde de l'action ; et l'on pourrait constater que l'apparition de doctrines « naturalistes " ou antimétaphysiques se produit toujours lorsque l'élément qui représente le pouvoir temporel prend, dans une civilisation, la prédominance sur celui qui représente l'autorité spirituelle.

[←13]

On pourra remarquer qu'il s'est produit quelque chose d'analogue dans l'ordre social, où les modernes ont prétendu séparer le temporel du spirituel ; il ne s'agit pas de contester qu'il y ait là deux choses distinctes, puisqu'elles se rapportent effectivement à des domaines différents, aussi bien que dans le cas de la métaphysique et des sciences ; mais, par une erreur inhérente à l'esprit analytique, on oublie que distinction ne veut point dire séparation ; par là, le pouvoir temporel perd sa légitimité, et la même chose, dans l'ordre intellectuel, pourrait être dite en ce qui concerne les sciences.

[←14]

La même observation vaut au point de vue religieux, à l'égard d'une certaine « apologétique " qui prétend se mettre d'accord avec les résultats de la science moderne, travail parfaitement illusoire et toujours à refaire, qui présente d'ailleurs le grave danger de paraître solidariser la religion avec des conceptions changeantes et éphémères, dont elle doit demeurer totalement indépendante.

[←15]

Il serait facile de donner ici des exemples ; nous citerons seulement, comme un des plus frappants, la différence de caractère des conceptions concernant l'éther dans la cosmologie hindoue et dans la physique moderne.

[←16]

C'est ce qu'exprime par exemple une dénomination comme celle d'upavêda, appliquée dans l'Inde à certaines « sciences traditionnelles ", et indiquant leur subordination par rapport au Vêda, c'est-à-dire à la connaissance sacrée par excellence.

[←17]

Dans notre étude sur L'Ésotérisme de Dante, nous avons indiqué le symbolisme de l'échelle dont, suivant diverses traditions, les échelons correspondent à certaines sciences en même temps qu'à des états de l'être, ce qui implique nécessairement que ces sciences, au lieu d'être envisagées d'une manière toute « profane " comme chez les modernes, donnaient lieu à une transposition leur conférant une portée véritablement « initiatique ".

[←18]

C'est pourquoi, suivant la doctrine hindoue, les Brâhmanes doivent tenir leur esprit constamment dirigé vers la connaissance suprême, tandis que les Kshatriyas doivent plutôt s'appliquer à l'étude successive des diverses étapes par lesquelles on y parvient graduellement.

[←19]

C'est le rôle que joue, par exemple, le symbolisme astronomique si fréquemment employé dans les différentes doctrines traditionnelles ; et ce que nous disons ici peut faire entrevoir la véritable nature d'une science telle que l'astrologie ancienne.

[←20]

L'art des constructeurs du moyen âge peut être mentionné comme un exemple particulièrement remarquable de ces « arts traditionnels ", dont la pratique impliquait d'ailleurs la connaissance réelle des sciences correspondantes.

[←21]

Pour s'en convaincre, il suffit d'observer des faits comme celui-ci : une des sciences les plus « sacrées ", la cosmogonie, qui a sa place comme telle dans tous les Livres inspirés, y compris la Bible hébraïque, est devenue, pour les modernes, l'objet des hypothèses les plus purement « profanes " ; le domaine de la science est bien le même dans les deux cas, mais le point de vue est totalement différent.

[←22]

Cet état doit d'ailleurs se maintenir, suivant la parole évangélique, jusqu'à la « consommation du siècle ", c'est-à-dire jusqu'à la fin du cycle actuel.

[←23]

Ce que les hommes appellent le hasard est simplement leur ignorance des causes ; si l'on prétendait, en disant que quelque chose arrive par hasard, vouloir dire qu'il n'y a pas de cause, ce serait là une supposition contradictoire en elle-même.

[←24]

Il suffit de lire saint Thomas d'Aquin pour voir que « numerus stat ex parte materiæ ".

[←25]

D'un ordre de réalité à l'autre, l'analogie, ici comme dans tous les cas similaires, s'applique strictement en sens inverse.

[←26]

Cette tendance est celle que la doctrine hindoue appelle tamas, et qu'elle assimile à l'ignorance et à l'obscurité ; on remarquera que, suivant ce que nous disions tout à l'heure sur l'application de l'analogie, la compression ou condensation dont il s'agit est à l'opposé de la concentration envisagée dans l'ordre spirituel ou intellectuel, de sorte que, si singulier que cela puisse paraître tout d'abord, elle est en réalité corrélative de la division et de la dispersion dans la multiplicité. Il en est d'ailleurs de même de l'uniformité réalisée par en bas, au niveau le plus inférieur, suivant la conception « égalitaire " et qui est à l'extrême opposé de l'unité supérieure et principielle.

[←27]

C'est pourquoi Dante place le séjour symbolique de Lucifer au centre de la terre, c'est-à-dire au point où convergent de toutes parts les forces de la pesanteur ; c'est, à ce point de vue, l'inverse du centre de l'attraction spirituelle ou « céleste ", qui est symbolisé par le soleil dans la plupart des doctrines traditionnelles.

[←28]

Il y eut, antérieurement au XVIIIe siècle, des théories « mécanistes ", de l'atomisme grec à la physique cartésienne ; mais il ne faut pas confondre « mécanisme " et « matérialisme ", en dépit de certaines affinités qui ont pu créer une sorte de solidarité de fait entre l'un et l'autre depuis l'apparition du « matérialisme " proprement dit.

[←29]

Satan, en hébreu, c'est l'« adversaire", c'est-à-dire celui qui renverse toutes choses et les prend en quelque sorte à rebours ; c'est l'esprit de négation et de subversion, qui s'identifie à la tendance descendante ou « infériorisante ", « infernale " au sens étymologique, celle même que suivent les êtres dans ce processus de matérialisation suivant lequel s'effectue tout le développement de la civilisation moderne.

[←30]

Nous savons que M. Massis n'ignore pas nos ouvrages, mais il s'abstient soigneusement d'y faire la moindre allusion, parce qu'ils iraient à l'encontre de sa thèse ; le procédé manque tout au moins de franchise. Nous pensons d'ailleurs n'avoir qu'à nous féliciter de ce silence, qui nous évite de voir mêler à des polémiques déplaisantes des choses qui, par leur nature, doivent demeurer audessus de toute discussion ; il y a toujours quelque chose de pénible dans le spectacle de l'incompréhension « profane ", bien que la vérité de la « doctrine sacrée " soit assurément, en ellemême, trop haute pour en subir les atteintes.

Table des matières